문화문고 010

유학(儒學)이란 무엇인가

공자 맹자 순자 주자 그리고 퇴계 율곡

이동희 저

傳統文化研究會

문화문고 유학儒學이란 무엇인가
공자 맹자 순자 주자 그리고 퇴계 율곡
정가 18,000원

2014년 03월 15일 초판 발행
2024년 12월 31일 초판 3쇄

저　자 이동희
편　집 남현희
교　정 박상수 · 강보승
출　판 김주현
관　리 함명숙
보　급 서원영

발행인 김 현
발행처 (사)전통문화연구회
서울 종로구 삼봉로 81 두산위브파빌리온 1332호
전화 : 02-762-8401　　　　전송 : 02-747-0083
사이버書堂 : cyberseodang.or.kr
온라인서당 : book.cyberseodang.or.kr
전자우편 : juntong@juntong.or.kr
등　록 : 1989. 7. 3. 제1-936호
총　판 : 한국출판협동조합(070-7119-1750)

ISBN 978-89-91720-97-8 04150
978-89-91720-76-3(세트)

간 행 사

종이책을 내는 사람들은 어느 정도 실적이 쌓이면 그 분야의 문고 계획을 세워보았을 것이다. 그 뜻은 교양과 지식의 저변을 확대하고 대중화하여야만 대체로 출판의 2차적 목적을 성취할 수 있기 때문이다.

필자는 민족문화추진회에서 오래전에 한국고전문고를 간행하면서 '고전읽기운동'을 전개하여 100만 건 이상의 독후감을 심사·시상한 일이 있었다. 그 후에는 동양고전과 인물을 폭넓게 문고화하려는 계획을 세웠으나 집필자와 재정 문제로 사장되었다.

그런데 세계는 각계의 교류가 긴밀히 이루어지면서 하나로 되는 상황에 이르러, 우리 국민의 역사·문화 의식이 한국에서 동양으로, 또 세계로 지향해야 하는 시급한 시대가 다가왔다.

그러나 세계로의 지향이 서구화의 다른 이름이고 우리로서는 허상일 수 있음을 주의하여야겠지만, 우리와 동양의 자주성과 자존의 아집도 경계하여 새로운 그 무엇을 그려내야 할 것이다. 이를 위해서는 일차적으로 한韓·중中·일日 삼국정립三國鼎立을 통하여 치욕의 역사에서 벗어나 안정과 발전의 기반을 마련해야 할 것이다.

본회는 이러한 상황에서 일차적인 준비로 '동양문화총서'를 몇 권 간행한 바가 있었으나, 본 계획의 충실을 기하기 위해서는 한 손에 연구와 다른 한 손에 보급이라는 과제를 좀 더 확실히 해결하지 않으면 안 된다. 앞으로 국민의 전체적인 수준 향상을 위하여 필독서인 '사서四書'의 문고화를 시작으로, 우리와 동양에서부터 서양의 고전과 인물과 문화에 관한 '문화문고' 간행의 출발점으로 삼고자 하는 것이다.

대체로 문고는 연구서에 비하면 2차적 작품이므로 주석 등을 본문에 녹여서 독자가 읽어서 이해되도록 하려고 한다. 그러나 특수한 분야나 전문적인 것도 필요한 것이다. 또한 시대에 부응하여 편리하며 염가로 읽힐 수 있는 '전자출판'도 겸행할 예정이다.

구미歐美의 유명한 문고본이 끼친 세계 문화적 영향이나, 이웃 일본의 교양과 지식이 이와나미문고岩波文庫에서 나왔다는 사실을 기억하여야겠다. 우리나라의 문고본은 그간 부침浮沈이 있었으나, 여러 분의 서가에도 상당수 있듯이 그 공헌은 인정하지 않을 수 없다. 앞으로 우리는 '동양고전국역사업'과 함께 통섭적統攝的 방법으로, 국가경쟁력을 키우고 문예부흥을 개막하는 계획의 꿈도 이루기 위하여 지혜를 모아 헌신할 것을 다짐하며, 이에 각계의 관심과 지원을 기대한다.

2011. 10. 1.

전통문화연구회 회장 이계황

머 리 말

2011년 10월 전통문화연구회에서 읽기 쉽게 번역한 사서四書를 출간하였다(전 2권). 작은 문고본 한권으로 최소한 《논어》, 《맹자》, 《대학》, 《중용》이라는 잘 알려진 '사서'의 내용이 어떤 것인지 부담없이 통독할 수 있도록 만든 책이다. 그러나 사서도 중국 사상에 대한 기초 상식이 없으면 읽어도 소화하기가 쉽지 않다. 이러한 어려움을 해소하고 사서를 읽는 데 도움이 되는 가급적 쉬운 안내서가 여기에 필요하다. 거기에 부응하여 이번에 간행한 책이 바로 《유학儒學이란 무엇인가》이다.

이 책은 먼저 유학의 원류源流 공자孔子 사상에 대한 일반 교양 수준(대학의 교양 수준)의 해설을 시작으로 그 사상을 계승 발전시킨 맹자와 순자의 도덕론道德論을 살펴보는 데서 시작하였다. 불교와 노장 사상이 성행한 시대를 건너 뛰어 근세(중세 후기) 11세기경 송宋나라에 와서 공자 사상을 새롭게 해석한 신유학新儒學(성리학性理學)의 대표자 주자朱子(이름 희熹)의 사상을 해설하고, 그 사상이 한국(조선)에 전래되어 꽃을 피운 내역을 퇴계退溪와 율곡栗谷 두 사람을 대표로 들어 소개하였다.

중국이나 한국의 역대 봉건왕조封建王朝 체제에서는 사서가 텍스트북(대학과정의 교재)이었으며 동시에 과거시험科擧試驗의 기초 수험서였다.

유학(유교)이 도덕론으로서 가정과 국가 공동체에 헌신하는 것을 제일 중요한 가르침으로 보았기 때문이다. 그후 벼슬하지 않은 선비나 학자들도 이 책을 학문의 입문서入門書로 삼아 신성시하고 그것에 기초하여 자기 생각을 전개하였던 것이다. 이런 면에서 보면 사서四書는 유학(유교)의 '바이블'이라고 할 만하다.

주자의 성리학性理學 시대에 와서 공자, 맹자의 도덕론 위주의 사상을 중점적으로 선양하기 위해 이 사서에 '철학적' 주석을 붙였다. 바로 사서집주四書集注의 탄생이다. 송宋나라 이전의 과거시험에서는 오경五經을 위주로 하였다. 이 책이 너무 어렵고, 당시까지 영향을 미친 불교나 노장사상에 비해 너무 고답적이고 딱딱하고 사상적 재미가 없다고 점차 느끼게 되어 좀 더 보편화할 수 있는 유교儒教 텍스트를 만들어 일반 지식인도 널리 유교에 접할 수 있게 할 필요성이 높아졌다. 그 결과 새로 만든 것이 이 사서이다.

유교라고 하나 유학이라고 하나 뜻은 같은데, 유교라고 하면 종교적 뉘앙스가 있고, 유학이라고 하면 학문, 즉 사이언스의 뉘앙스가 있는 것이 사실이다. 사용하는 사람의 취향에 좌우된다. 여기서는 유교라는 의미도 포함하여 '유학'이라고 한다. 유학의 근본 정신은 무엇일까? 공자가 인仁을 말하고 맹자가 여기에 의義를 더하여 말하고 순자가 의의 형식을 강조하여 예禮를 말하였다. 물론 공자 사상 속에 이 세 요소가 다 들어 있다.

인仁을 '사랑'이라고 하지만, 우리가 아는 상식적인 사랑과는 다르고 기독교의 '박애'와도 조금 다르다. 넓게 보면 남을 배려하는 점은 같다. 그러나 공자의 인은 기본적으로 가족과 국가(및 천하)라는 공동체를 위하여 어떻게 해야 하느냐에 초점이 맞춰져 있다. 간단히 '사랑'만으로 되는 것이 아님을 우리는 여기서 알 수 있다. 그러므로 지식, 지혜, 용기를 떠나 인을 말하기가 어렵다.

맹자孟子가 의義를 말한 것은 인의 실현 방법을 사회윤리적으로 부연한 것이고, 순자의 예禮도 마찬가지이다. 인류 역사를 보면 종교宗教의 시대에서 과학科學의 시대로, 소박한 도덕률道德律의 시대에서 법률法律의 시대로 옮아 간 것을 알 수 있는데, 유학의 발달 과정도 유사한 점이 있다. 송대 성리학은 공·맹의 도덕론에 철학적 의미를 부여한 것이다. 그 철학 속에 종교까지 물론 포함되어 있다(종교철학 내지 신학神學이라 해도 된다). 그 철학과 종교는 '내면 수양修養'의 강조로 나타났다. 유학의 이러한 본래부터 가지고 있던 도덕론적 본질이 동양의 절대왕정이 성립되고 나서는 쉽게 '어용御用(왕이 이용한다)'이 되어버렸다. 근세로 오면서 이러한 종교적 질곡에서 벗어나려는 학자들의 노력이 있었지만 전통은 좀처럼 바뀌지 않았다.

유학의 종교철학적인 면에 보완이 이루어진 성리학(주자학)이 왕조의 치국治國 이념으로 지속되다 보니 순자荀子의 사상을 소홀히 하였다. 지금 세상이 오히려 도덕을 위해서는 예는 물론 법이 존재하지 않으면 안 되는 시대인 점에서 보면 순자의 유학 사상이 보다 실용적이고 현실적이다.

순자荀子는 예의 형식으로 도덕을 실행하려 했지만, 순자의 제자들에 와서는 법을 강조하게 되었다. 이는 법의 강제력으로 인간의 일탈행동과 공동체의 악의 요소를 방어하고 배척해야 하는 시대가 되었기 때문이다. 예에서 법으로, 그 극단에서 물론 한비자韓非子의 법가法家 사상이 나왔지만, 순자의 예의 규범론과는 다른 것이다.

퇴계退溪와 율곡栗谷의 사상은 고려말에 주자학이 우리나라에 들어와 주자의 사서집주로 과거시험을 보고 인재를 등용한 관계로 널리 지식계층(선비)에 퍼졌는데, 조선 중기에 이 두 분이 나와 사상 경향을 달리 하면서도 주자학을 토착화土着化하고, 조선 후기에는 이 두 분의 사상을 가지고 그 제자들이 학파學派를 형성하여 학문을 논하였다.

퇴계退溪는 인자한 교사로서의 가르침, 자연시인으로서의 홍취, 종교적 수양을 통한 성자聖者의 모습을 많이 보여주었고, 율곡栗谷은 명석한 두뇌로 철학적 사유에 뛰어났으며, 동시에 벼슬길에 나아가 학문의 구체적 실천이 중요하다고 생각, 실학적實學的인 많은 치국의 정책론政策論을 개진하여 보국충절을 이룬 점이 특색이다.

오늘날 유학, 유교라 하면 '조상 제사祭祀'를 떠올릴 것이다. 이는 가족윤리家族倫理의 한 형식이다. 오늘날 가족이 해체되어 단독가구수가 점점 증대하고, 미혼의 젊은이가 늘어나고, 또 출산율이 떨어지고 있어 가족윤리에 바탕을 둔 유학으로서는 위기가 아닐 수 없다. 그러나 이런 상황에서도 국민의 심성心性에 유교적 가족의식, 연고緣故 의식은 강하게 남아 있다. 미국식 교회가 들어와 자본주의적 교회 경영이 이루어지면서 많은 지식인이 귀의하고 있다. 종교심리학적으로 보면 동양에 없던 '유일신唯一神' 신앙이 대중의 관심을 끄는 이유도 물론 있다. 그러나 교회를 사람 사귀는 하나의 사회공동체로 생각하는 교인들이 많은 것을 보면, 유학에 뿌리를 둔 연고의식의 발로가 아닌가 생각된다(현재 우리사회는 혈연-지연-학연-교회연이 혼합되어 '연고緣故 마피아'를 형성하고 있다).

다른 한편으로 불교佛敎는 인간 마음 수양에 좋은 방법을 많이 창출하고 있다. 기독교의 절대자 숭배와는 다른 종교적 양상이다. 유교가 중세 불교의 영향으로 성리학의 수양론修養論을 전개했지만, 오늘날 불교만큼 인기를 끌지는 미지수다. 그러나 없는 것은 아니다. 성리학의 수양론은 '우주유기체론宇宙有機體論'에 근거한 '만물일체관萬物一體觀', 즉 만물을 내 몸 같이 사랑하는 것인데, 오늘날의 '생태윤리生態倫理'와 궤를 같이 한다. 그러나 그 이론은 일반인에게는 어렵다.

그러면 유학에는 그런 쉬운 것이 없을까? 역시 유학은 도덕론이고 사회윤리이기 때문에 '예절禮節'이 핵심이 된다. 예절은 작은 것은 에티켓에서부터 크게는 각종 '의례儀禮', '의식儀式'이 있다(국가에서는 '의전儀典'이라 한다). 일반인에게 줄 수 있는 것은 유학은 생활예절과 작은 에티켓이다(최근 본회에서 간행한 ≪선비집안의 작은 예절-사소절≫ 참조).

그런데 오늘날 개인주의, 자유주의가 만연하고, 가족해체의 상황에서 어느 정도 먹혀 들어갈지 걱정이다. 또 기독교나 불교는 종교적 기풍을 드러내는 교회와 절이 있지만, 유교는 성균관과 향교, 서원書院 등이 있어도 깨끗하지 못하고 오래된 문화재로 남아 있어 대중이 접근하기가 불편하다. 이 점이 유학의 대중화大衆化에 큰 장애가 된다. 현대화된 유교의 교회나 절이 필요하고, 종교적 의례도 한국유교 답게 현대화해야 한다.

그러나 한가지 희망은 다문화 사회에서 '전통문화傳統文化'를 지키고 보전하려는 사람들이 많아지고, 그 필요성이 높아지고 있는 점이다. 이러한 전통문화의 형식은 교회의 설교說敎나 불교의 예불禮佛처럼 언제나 심리적으로 영향을 주지는 못한다. 그런데 그 원류源流는 역시 유학 사상에 있으므로 '유학'에 대한 교양을 높여야 한다. 그 방법 중 하나가 유학의 바이블인 사서를 읽는 것인데, 한국인의 입장에서는 사서도 발췌하여 '한국유학韓國儒學의 바이블'을 만들 필요가 있다. 이러한 논의에 이 책이 작은 보탬이 되기를 기대해 본다.

여기 실린 '≪논어≫와 공자의 사상'은 계명대학교의 교양 세미나 교재의 메뉴얼로 쓴 것이고, '맹자와 순자의 도덕론'과 '주자학이란 무엇인가'는 과거 1편의 논문으로 쓴 것이다. 그리고 퇴계 이황의 생애와 사상', '율곡 이이의 생애와 사상'은 강연용 원고를 정리한 것이다.

가능한한 일반인도 읽을 수 있게 손을 보았으나 미흡함이 보이고, 또한 한문으로 된 동양 고전의 소개에 한계를 느끼지 않을 수 없다. 지난해 5월에 간행한 문고본 ≪선비집안의 작은 예절-사소절士小節≫에 이어 이 책의 출간을 기획해준 전통문화연구회와 편집을 맡아 수고하신 남현희 연구원에게 감사의 말씀을 드린다.

2014. 2.

솔바람 이동희 씀

일러두기

1. 본서는 동서양東西洋의 중요한 고전古典, 인물人物, 문화文化, 역사歷史에 관한 모든 국민의 교양도서로, 미래 한국의 양식良識 기반을 구축하기 위한 문화문고文化文庫이다.
2. 본서는 동양東洋과 한국문화韓國文化의 주축主軸인 유학儒學을 중등학생과 일반인이 이해할 수 있도록 기술하였다.
3. 고유명사와 용어 및 주요 어휘는 독자의 문장 이해를 위하여 한자漢字를 병기하였다.
4. 본서에 사용된 주요 부호符號는 다음과 같다.

   “ ” : 대화, 인용

   ‘ ’ : 재인용, 강조

   ( ) : 간단한 주석

   ≪ ≫ : 서명書名

   〈 〉 : 편장명篇章名, 작품명, 보충역

   〔 〕 : 관용구慣用句, 참고 원문原文
5. 본서에 인용된 ≪논어≫와 ≪맹자≫의 원전은 주자집주본 ≪논어≫, ≪맹자≫(조선조 내각본, 성균관대 ≪경서≫ 영인본)를 기준으로 하였다. ( ) 속의 숫자는 ≪논어≫의 편-장을 나타내고, 〈 〉 속의 숫자는 ≪맹자≫의 편-장을 나타낸다. 예를 들어 ‘(1-2)’는 ‘학

이편 2장'을 나타내고, '〈2-10〉'은 '양혜왕 하편 10장'을 나타낸다.

≪논어≫

1 : 학이學而	2 : 위정爲政	3 : 팔일八佾
4 : 이인里仁	5 : 공야장公冶長	6 : 옹야雍也
7 : 술이述而	8 : 태백泰伯	9 : 자한子罕
10 : 향당鄕黨	11 : 선진先進	12 : 안연顔淵
13 : 자로子路	14 : 헌문憲問	15 : 위령공衛靈公
16 : 계씨季氏	17 : 양화陽貨	18 : 미자微子
19 : 자장子張	20 : 요왈堯曰	

≪맹자≫

1 : 양혜왕 상梁惠王 上	2 : 양혜왕 하梁惠王 下	3 : 공손추 상公孫丑 上
4 : 공손추 하公孫丑 下	5 : 등문공 상滕文公 上	6 : 등문공 하滕文公 下
7 : 이루 상離婁 上	8 : 이루 하離婁 下	9 : 만장 상萬章 上
10 : 만장 하萬章 下	11 : 고자 상告子 上	12 : 고자 하告子 下
13 : 진심 상盡心 上	14 : 진심 하盡心 下	

목 차

| 제1장 |

≪논어論語≫와 공자孔子의 사상

1. 서 설序說

≪논어≫의 편집자와 그 연대

≪논어≫는 공자가 그의 제자와 당시 사람들에 대해 응답한 내용이나 제자들이 공자에게 들은 가르침을 기록해 놓은 소위 대화록 종류의 책이다. 이렇게 기록한 공자의 말을〔語〕 공자가 죽고 난 뒤 제자들이 서로 의논하여〔論〕 편찬한 것이라는 뜻에서 ≪논어論語≫라고 이름을 붙였다.

≪논어≫의 판본은 당시 3종류(노魯나라의 ≪논어≫, 제齊나라의 ≪논어≫, 공자 집에서 나온 옛 ≪논어≫)가 있었는데, 한나라 때에 장우張禹가 정리하여 편찬하고, 정현鄭玄이 취사·조정하여 주석을 달았다. 그 후로 지금까지 ≪논어≫는 〈학이편學而篇〉 등 모두 20편으로 구성된 현재의 체제를 유지하고 있다.

≪논어≫는 한 사람에 의하여 이루어진 것이 아니고, 공자가 죽은 뒤 그의 제자들이 기록을 모아 만들어 놓았던 것을 근거로 하여 전국시대戰國時代를 통하여 여러 곳에서 여러 사람들의 손에 의해 더 보태지고 다듬어진 끝에 우리가 지금 보는 것과 같은 ≪논어≫가 한대漢代에 완성된 것이다. ≪논어≫란 이름이 붙여진 것도 한나라 초기라고 보면 크게 틀리지 않는다.

≪논어≫의 원 모습과 끼어들어간 것

중국 고전에는 원형元型의 처음 편집된 것과 후대에 그것을 토대로 부연敷衍, 부기하여 원본에 잘못 끼어들어간 부분, 두 부분으로 된 경우가 많다. ≪논어≫의 경우도 뒷부분 5편은 그러하다. 앞부분 15편 중에서도 3–8편까지가 비교적 오리지널에 가깝고, 그 외는 약간 후대의 작품으로 본다.

즉 20편 중 앞의 10편은 먼저 편찬되고, 뒤 10편은 나중에 편집되었다. 뒤 5편은 앞 15편과 문체가 두드러지게 다른 점으로 보아 더욱 후세에 만들어진 것을 알 수 있다.

≪논어≫의 내용과 그 가치

≪논어≫의 편차를 나눈 것과 편명을 붙인 것에는 별다른 의미가 없다. ≪논어≫ 전체의 내용은 대략 다음과 같이 분류할 수 있다.

(1) 개인의 인격 수양에 관한 교훈

(2) 사회의 윤리에 대한 교훈

(3) 정치에 대한 이야기

(4) 철학적인 흥취가 있는 이야기

(5) 제자들과 옛 사람 및 당시 사람들에 대한 공자의 비평

(6) 공자의 벼슬살이와 일상적인 삶의 여러 가지 모습

(7) 공자 개인의 신상에 관한 발언

(8) 공자에 대한 제자들의 칭찬과 당시 사람들의 공자에 대한 비평
(9) 공자 제자들의 말이나 행동에 관한 기록

이 중에서 앞의 두 항목이 내용의 과반을 차지하고 있다.

2. ≪논어≫의 시대배경

공자의 생애를 서술하기에 앞서서 공자의 시대에 대해서 일별一瞥할 필요가 있다.

공자가 탄생한 시기는 춘추시대(B.C.770~403)의 중기에 해당되는데, 이 시기는 기원전 11세기 이래의 주周나라의 봉건제도(혈연 중심의 귀족 봉건제, 즉 종법사회宗法社會)가 급격히 붕괴되고 비귀족적 평민 엘리트(사士 : 처음에는 전사戰士였음) 중심의 중앙집권적 관료제가 태동하는 시기였다. 8세기 이래 과학 기술의 발달로 철제 농기구가 등장하고, 이에 따라 농업생산력에 혁명을 가져왔다. 그리하여 황하 유역의 토지가 개간되고 그것을 경작할 노동력, 즉 민民의 확보가 봉건귀족들의 큰 관심이었다. 수공업도 서서히 전업화되어 갔고, 이에 따라 상업도 발전하였다. 이 시기는 역사적으로 노예제에서 봉건제로 변화되는 때였다.

이러한 때에 대소 봉건귀족들은 중앙권력을 강화하기 위해 약소

봉건세력을 병합하는 한편 비귀족적 전문 지식인으로서의 전문가, 즉 '사士'를 개인 관료로 기용하였다. 북부 중원 지역에는 대소 제후 국가들이 여럿 있었는데, 이들은 명목상으로는 주나라의 봉건 속국이지만 반 자주적인 독립국이었다. 사회·경제의 발전과 더불어 각국의 제후諸侯, 경卿, 대부大夫라고 불리었던 귀족들은 끊임없는 침략 전쟁을 일으키고 있었다. 이로 인해 많은 나라가 멸망하고 많은 귀족이 몰락하였다.

이러한 가운데 귀족이 아니었던 자가 전쟁에 이긴 귀족에게 투신하여 그 지위를 높이기도 하였다. 몰락귀족, 하층귀족 출신 및 지위를 상승시킨 사람들은 사士라는 사회 계층을 형성하기에 이르렀다. 이들은 빈번한 전쟁 속에서 군사·외교·정치 등의 활동을 통해서 그 재능을 발휘할 기회를 가졌다. 그들은 노예제에서 봉건제로의 이행 과정에서 매우 큰 역할을 하였다.

주나라 무왕

공자는 바로 이러한 사士 계층의 최초의 중요한 대표적 인물이었다. 그는 전통적인 교육인 육예六藝를 열심히 습득하여 당시 성장하는 자율적인 사회 계층에게 보편적인 대중교육을 실시한 위대한 교육자 중의 한 사람이었다.

주공

노魯나라는 주周나라 무왕武王이 그의 넷째 아우 주공周公 단旦을 봉한 나라여서 당시 수도 곡부曲阜는 주나라 수도 낙읍洛邑에 버금가는 문화 중심지였고, 특히 예악에 관한 문물은 뛰어났었다. 공자가 유가儒家를 이룰 수 있었던 것도 이러한 환경 덕분이었다.

노나라의 사회 구조는 제후-경卿-대부大夫-사士의 지배계급과 국인國人이라고 불리는 서민庶民 및 노예가 있었다. 노공魯公 밑의 경卿은 최고관직으로서 군軍 지휘관이 되며, 제사와 연회를 주관하였고, 그 밑의 대부는 사士(또는 부夫라고 불리었음)라는 무사들을 지휘하였고, 사는 귀족 계급의 최하위로서 전차를 타고 전투에 참여하는 것이 큰 임무였다.

노나라의 경 직책은 삼환씨三桓氏(맹손씨孟孫氏·숙손씨叔孫氏·계손씨季孫氏)가 세습적으로 독점하였고, 춘추 중기에는 계손씨가 가장 강력하였다. 이들은 채읍采邑에서 사병을 기르고 사신私臣에게 충성 서약을 받아 주 봉건제하의 군주권을 무력하게 만들었다.

공자는 당시 사회의 변화, 즉 주례周禮(주나라 문화)를 파괴하는 것이 바로 사회적 위기라고 생각하였다. 또 그 파괴의 주원인이 귀족들의 공리주의적인 사고에 있다고 보았다. 그는 주례를 이상적인 제도로 보고 그것을 회복하여 주周 천자天子 중심의 구귀족 통치의 천하통일을 염원하고 있었다. 이는 당시 사회 변혁의 현실과는 모순되는 것이었다. 이 점에서 그는 보수적이었다. 그러나 그는 자율적 계층, 즉 지식인 계층의 도덕적 각성에 의해 덕치德治를 펼치고, 그것에 의해 민생의 안녕과 복지를 도모하고자 하였다. 이것은 춘추시대에 나타난 인본주의 사상의 맹아를 계승 발전시킨 것이다. 귀족의 착취와 침략 전쟁 중지를 촉구한 것도 서민의 입장을 대변한 것이다. 이 점에서 공자는 진보적이었다.

참고로 당시 역사적 상황을 알기 위해 간단히 시대구분을 적으면 다음과 같다. 중국 역사에서 하夏(B.C.2205~1767)·상商(=은殷 : B.C.1766~1123)·주周(B.C.1122~256)를 삼대三代라고 한다. 주나라는 평왕平王이 도읍을 동쪽의 낙읍으로 옮긴 해(B.C.770)를 기점으로 그 이전을 서주西周, 그 이후를 동주東周라고 한다. 서주 350년, 동주 514년이다. 동주는 다시 춘추시대와 전국시대로 나누어진다. 춘추시대는 평왕이 도읍을 옮긴 해(B.C.770)로부터 진晉나라가 한韓·위魏·조趙 세 나라로 갈라지기 전 해(B.C.403)까지의 367년간으로 본다. 그리고 그 다음해부터 주나라가 망할 때(B.C.256)까지의 147년 동안이 전국시대이다.

3. 공자의 생애

공자의 탄생과 가계

공자는 기원전 551년 노魯나라 창평향昌平鄕 추읍陬邑에서 태어났다. 추읍은 지금의 산동성 남쪽 22Km 지점에 있는 추현鄒縣이다. 공자의 이름은 구丘이고, 자字는 중니仲尼인데, 부모가 니구산尼丘山에 올라가 기도를 올려 아들을 얻었으므로 이름을 그렇게 지었다고 한다. 그에게는 이복형이 있어 자에 '중仲'을 붙였다고 한다. 당시에 선생의 존칭으로는 '자子' 혹은 '부자夫子' 라고 성에다 붙였는데, '쿵푸즈孔夫子'라는 중국음이 와전되어 오늘날 서양 번역어로 'Confucius'가 되었다.

공자

공자의 아버지는 숙량흘叔粱紇(이름이 흘, 자가 숙량)인데, 노나라의 시씨施氏 집안에 장가들어 딸 아홉을 낳고, 첩을 얻어 아들 하나를 얻었는데, 온전치 못하여 걱정하던 중 나이 60에 젊은 여자 안징재顔徵在를 얻어(정식 결혼이 아니고) 공자를 낳았다. 공자가 3살 때 숙량흘은 죽었다. 공자의 조상은 은殷나라의 후예인 송宋나라의 왕실의 한 사람인 불보하弗父何인데, 이로부터 공자까지는 11세(10대)이다. 공자의 5대조 자목금보子木金父로부터 6대조 공보가孔父嘉의 '공보孔父'에서 '공孔'자를 따서 정식으로 '공'이라는 성을 쓰고, 노나라로 피난 와서 살게 되었다.

공자의 아버지 숙량흘은 당시 벼슬할 수 있는 신분 중 가장 낮은 계급인 '사士'로서 조그만 단위의 부대 병력을 거느리는 낮은 계급의 장교였다. 그는 매우 건장한 체격의 소유자였다고 한다. 공자 역시 아버지의 이러한 골격을 타고나 용모에 있어서 당시 사람들에게 비범하게 보였던 것 같다. 그러나 공자는 어릴 때 보통 아이들과는 달리 제사 흉내를 곧잘 내었다고 한 기록으로 보아 취미는 아버지와 달랐던 모양이다.

공자 아버지가 속한 사 계급은 귀족 계급으로서는 최하위로서 위로는 귀족인 대부들이 있고, 아래로는 서민과 상공 계급들이 있는 중간 계급이었다. 군대에 있어서는 작전활동의 핵심을 이루고, 정치에 있어서는 중하급 관리 노릇을 하며, 문화적으로는 고금의 지식을 배워 지니고 있고, 경제적으로는 사유의 전택田宅과 생업을 가지고 있어서 사회적으로 매우 중요한 계급이었다. 공자가 '군자君子'를 강조하는 이유도 이러한 아버지의 신분과 무관하지 않다.

젊은 시절

공자는 평생을 회고하면서 "나이 15세에 학문에 뜻을 두었다."고 하였다(2-4). 또 공자는 ≪논어≫ 첫머리에서 "배우고 때로 그것을 익히면 즐겁지 않은가?" 하면서 배움을 말하고 있으며(1-1), 그 밖에도 제자들에게 배움의 중요성을 강조하고 있다. 공자가 스승을 모시고 공부하였다는 기록이 없는 것으로 보아서 사士 계급으로서 애써 배우지 않으면 안 되는 가난한 처지였을 것이며, 또한 '유儒'라는 신분의 집안 출신으로서 어려서부터 예禮의 실행에 대해 보고 들었으므로 그것이 학문 내용의 중요 부분이 되었을 것이다. 당시 은殷나라 유민들은 은의 예禮를 보존하면서 부잣집의 예를 돌보거나 아이들을 가르치며 생활하였는데, 이 유민이 '유가儒家'의 연원이었다. 당시 학문은 육예六藝였는데, 그것은 예禮·악樂·사射·어御·서書·수數였다. 즉 예절과 음악과 활쏘기와 수레 몰기와 글쓰기와 셈하기였다.

당시 사 계급으로서 꼭 필요한 것이었다(9-2·6, 3-7).

공자는 아버지가 안 계신 상황에서, 또 사 계급으로서 먹고 살기 위해서 자기 신분에 맞는 일자리를 찾아 벼슬을 하였다. 그리하여 19세 때 위리委吏(회계)라는 벼슬을 하였고, 송나라 기관씨亓官氏집안에 장가들어 다음해 아들 리鯉를 낳았다. 21세 때는 승전리乘田吏가 되어 가축의 관리를 맡았다. 24세 때 어머니가 돌아가셨다. 20세 이후 40세에 이르기까지 위의 벼슬 말고는 별다른 벼슬을 하지 않았다. 그러나 이 사이 그의 학문은 날로 발전하여 차차 명망이 높아갔다. "삼십에 자립하였다."고 한 것(2-4)은 학문적으로 사회적으로 이러한 공자의 발전 모습을 말하여 주는 것이다.

30세를 전후하여 명망과 함께 예를 돌보아 주는 것만으로도 점차 생활을 꾸려갈 수 있게 된 것 같으며, 동시에 제자들이 몰려들자 이들을 가르치는 한편 새로운 유가의 건설에 착수한 것으로 보인다.

벼슬살이

당시의 정치적 상황은 주나라의 봉건제가 무너지고 각 지역의 제후들이 패권 다툼을 할 때였는데, 제후간의 다툼에 그치지 아니하고, 제후 아래 대부가 참람僭濫하게 제후를 몰아내거나 죽이기도 하였으며, 더 나아가 대부 아래 계급이 대부에게 덤벼드는 소위 하극상의 참극이 비일비재하였다.

그리하여 당시 노나라에서도 정권은 삼환씨三桓氏(맹손씨·중손씨·계손씨)의 손아귀에 넘어가 있었다. 계손씨 집안의 세력가 계평자季平子가 방자하게 굴자 노나라 소공昭公은 그를 제거하려 하였다. 이 때 세 집안이 힘을 합쳐 반격을 하게 됨으로써 소공은 오히려 이들에 쫓겨 제齊나라로 피신하는 불상사가 일어났다.

공자는 노나라에 대한 희망을 버리고 35세 되던 해에 제나라를 찾아갔다. 제나라 역시 진환陳桓이라는 자가 군주를 위협하고 있었다. 제 경공頃公이 정치에 대해 물었을 때 공자는 "인군은 인군답고, 신하는 신하답고, 아버지는 아버지답고, 아들은 아들다워야 합니다."라는 당시 시대를 풍자한 말을 남겼다(12-11). 공자는 그곳에서 벼슬하지 못했으나 태사太師(음악장)에게 순임금의 음악을 배우기도 하고(7-13), 많은 견문을 넓히고 1년여 만에 돌아왔다(37세).

제나라에 피신하였던 임금 소공은 돌아오지 못하고 죽고, 정공定公이 뒤를 이었다. 그러나 노나라의 정치는 여전히 계손씨의 손에서 놀아났다. 공자는 그런 상황에서 벼슬을 할 수가 없어 교육에 전념하였고, 그리하여 각지에서 제자들이 모여들었다.

계손씨는 다시 가신家臣인 양호陽虎(일명 양화陽貨)에게 견제를 당하였는데, 계손씨의 계환자季桓子의 노여움을 산 양호는 마침내 반란을 일으키고 나중에는 제나라로 쫓겨났다. 얼마 뒤 계손씨의 가신인 공산불요公山弗擾도 양호를 충동하여 반란을 일으키는(17-5) 등 몇 년 동안 노나라의 정치는 극도로 혼란하였다. 공자는 양호나 공산불뉴公山弗狃가 벼슬을 주겠다는 청을 받았으나 거절하였다(17-1). 이를 계기로 공자는 계환자의 추천으로 벼슬을 하게 되어 중도中

都의 읍재邑宰가 되고(51세), 다시 사공司空(건설국장)을 거쳐 사구司寇(법무부장관)에 올랐다(이 때 정공定公과의 문답은 3-19, 4-48 참조). 이 때 제나라가 노나라에 대해 협곡에서 회합할 것을 요청하였는데, 공자는 정공을 도와 강대한 제나라와의 외교에 성공을 거두었다(52세).

당시 삼환씨는 세 군데에 성을 쌓고, 그곳을 거점으로 세력을 유지하고 있었는데, 공자는 정공에게 이 세 성을 헐어버릴 것을 건의, 용감한 제자 자로子路를 계손씨의 가신으로 삼아 성을 헐어버리려 하였다. 그러나 정공의 군대는 두 성을 허무는 데 그치고 말았다. 이 때 공자는 천하에 도道가 없음을 개탄하였다(16-2·3).

공자에 의해 노나라가 잘 다스려지자 제나라는 계환자와 공자 사이를 이간하기 위하여 미녀 가무대와 명마를 선물로 노나라에 보내었다. 그리하여 정공과 계환자가 정사를 돌보지 않자 공자는 노나라를 떠날 결심을 하게 되었다(55세, 18-4). 사구司寇 벼슬한 지 3개월 만이었다. 이후 13년 동안 공자는 여러 나라를 돌아다니게 된다.

고난의 주유열국周遊列國

공자가 먼저 간 곳은 위衛나라였다. 위나라는 은나라의 옛 땅이어서 문화의 중심지였다.

위나라 역시 왕손가王孫賈가 군권을 쥐고 있어 공자에게 자기에게 아부하여야 벼슬을 할 수 있다고 하자 공자는 하늘에 죄를 지으면 빌 데가 없다고 하였다(3–13). 그러므로 공자는 위나라 역시 노나라와 다름없다고 여기고(13–7), 위 영공靈公이 죽자 위나라를 떠났다(7–14). 이 때 위나라에서 국경을 지키는 자가 공자를 만나보고 제자들에게 이 세상이 공자를 목탁木鐸으로 삼을 것이라 말해 준 일이 있다(3–24).

10개월 만에 위나라를 떠나 진陳나라로 가려고 하다가 광匡 지방에서 화를 당하였다(56세). 광 지방 사람이 그전에 양호陽虎의 군대가 행패를 한 일이 있어 경계하던 중 공자를 양호로 오해하여 일어난 일이었다. 이 때 공자는 "문왕文王이 돌아가셨으니 주나라 문화는 나에게 남아 있지 않느냐? 하늘이 이 문화를 버리려 하시지 않는다면 광 지방 사람이 나를 어떻게 하겠는가?"라고 하였다(9–5). 다시 위나라로 되돌아왔다.

공자는 다시 위나라를 떠나 조曹나라, 송宋나라를 지나고, 다시 정鄭나라를 거쳐 마침내 진陳나라에 이르렀다(60세). 송나라를 지날 때 환퇴桓魋(송나라의 대장군)의 행패로 수난을 당하였다. 이 때 공자는 "하늘이 나에게 덕德을 주셨는데, 환퇴가 어떻게 하겠는가?"라고 하였다(7–22).

당시 오吳나라와 진晉나라는 진陳나라를 자주 침범하여 진陳나라는 혼란하였다. 공자는 진나라에서 다시 초楚나라로 가서 섭공葉公을 만나려던 참이었다. 마침 그 때 진나라가 병란을 당하였다. 그리하여 공자는 진나라에서 아무런 성과를 거두지 못하고 3년 만에 채蔡나라로 갔다(61세). 채나라는 더욱 작고 어지러운 나라였다.

이듬해 다시 채나라를 떠나 섭葉이란 작은 나라를 찾아갔다. 섭나라는 본래 채나라 땅이었는데, 초나라가 빼앗아 대부인 섭공에게 다스리게 하고 있던 고장이었다. 이 때 섭공이 공자에게 정치에 대해서 물었다(13-16). 그러나 섭공과도 의견 차이가 있어 공자는 다시 채나라로 돌아왔다(62세).

채나라를 떠나 초나라로 가던 중 진나라와 채나라 사이에서 오나라와 초나라의 교전 지대를 지나다가 식량이 떨어진 큰 수난을 당하였다(63세, 15-1). 이 때 초楚나라 소왕昭王이 공자를 초빙하려 하였으나 실패하였다. 다시 위나라로 돌아왔다.

공자가 진나라에 있을 때 "돌아가자! 돌아가자! 우리 고장 젊은이는 뜻도 커서 훌륭한 인재의 자질을 갖추었으나 그것을 재단하여 써먹을 줄을 모르는구나!"라고 하며 노나라로 돌아갈 뜻을 비추기도 하였다(5-21).

공자가 여러 나라를 돌아다니면서 은자를 더러 만나기도 하였는데, 그들의 공자에 대한 풍자는 당시의 공자의 행세를 잘 말해주고 있다(14-34·41·42, 18-5·6).

만년의 삶

위나라에서는 공자가 더 머물기 어려운 일이 생겼고(출공出公 부자의 왕위 다툼), 또 노나라의 계강자季康子가 폐백을 갖추어 공자를 정중히 초빙하므로 공자는 위나라에 있은 지 5년 만에, 노나라를 떠난 지 13년 만에 고국으로 돌아오게 되었다(68세). 당시 노나라는 정공定公의 뒤를 이어 애공哀公이 즉위하여 있었고, 집정은 계씨네의 계강자季康子가 계환자季桓子의 뒤를 이어 맡고 있었다.

그러나 공자는 계강자의 탐욕과 부정에 대해서는 못마땅하게 생각하고 있었다. 계강자가 세금을 더 거두어들이자 그 밑에서 벼슬하고 있던 염유冉有에게 비난의 화살이 날아갔다(11-16). 계강자가 정치에 대해 물었을 대 공자는 "정치란 바르게 하는 것이다. 그대가 먼저 바르게 한다면 누가 감히 부정을 하겠는가?"라고 하였다(2-20, 12-17·18·19). 공자는 예로써 나라를 다스려야 한다는 소신에는 변함이 없었다. 그러므로 노나라에서는 공자를 초빙하였지만, 진정으로 공자를 등용하지 못하였다. 공자가 노나라로 돌아온 이후 정치적 활동은 크게 한 것이 없지만, 그의 제자들의 활동은 더욱 활발하였다(6-3·6·7·12).

순임금

공자는 만년에 황급히 고국으로 돌아왔지만 뜻대로 되지 않았다. 그리하여 여생을 교육에 전념하기로 하였다. 그러는 한편 공자는 시詩와 서書와 음악을 정리하였다(9-14). 공자는 예술적 정감이 매우 풍부한 사람이었다. 제나라에서 순舜의 음악을 듣고 3개월 동안 고기 맛을 잃어버릴 정도였고(7-13), 제자들의 기본 교양으로 시와 음악을 중요시하여 "시詩에서 감흥을 일으키고, 예로써 규범을 삼고, 음악으로 완성시킨다."라고 하기도 하였다(8-8).

서書는 제왕의 조칙을 모아놓은 것인데, 당시는 아직 체계적인 것이 아니었고, 다만 교육용으로 사용하였다.

또 공자는 ≪춘추春秋≫를 지어 당시 펴지 못한 포부를 역사서로 남겨두려 하였다. 당시 삼환씨로 대표되는 호족豪族이 대신을 세습하여 독재적인 정치를 행하고 있는 것에 대한 통렬한 비판과 군주권의 회복이라는 이상을 담았다. 그러므로 공자는 "나를 이해해 주는 것도 ≪춘추≫이며, 나를 벌주는 것도 ≪춘추≫라고 말했던 것이다 (≪맹자≫ 〈6–9〉. 이 ≪춘추≫는 ≪역易≫과 더불어 당시 제자들에게는 설명되지 않은 것으로 공자 사후 한참 뒤에 발견되어 교과서로 채택된 것으로 추정되고 있다).

공자는 "나를 알아주는 사람이 없구나!……나를 알아주는 것은 하늘일 것이야!"라고 만년의 비통한 심사를 표현하였다(14–37). 또 "나를 써 주는 사람이 있으면 3년 정도면 좋은 정치를 볼 수 있을 것이다." 라고 하기도 하였으며(13–10), 또 "나는 〈아름다운 옥을 팔듯이〉 팔리기를 기다리는 사람이다."라고 하기도 하여(9–12) 세상이 알아주지 않는 마음을 토로하였다. 또 세상에 도가 행해지지 않으므로 뗏목을 타고 바다로 가고 싶다고 하기도 하였으며(5–6), 동쪽의 구이족九夷族이 사는 곳에 가서 살고 싶다고 하기도 하였다(9–13). 또 공자는 시냇가에 앉아서 시냇물이 흘러가는 것을 보고는 "가는 것은 이와 같구나!" 하고 인생무상을 읊기도 하였다(9–16). 또 "상서로운 새인 봉황이 오지 않고 황하에서 하도河圖가 나오지 않으니 나는 이제 끝장인가 보다!"라고 탄식하기도 하였다(9–8).

공자 만년의 인간적인 불행도 그치지 않았다. 69세 되던 해에 아들 리鯉가 50세로 죽었고, 이듬해에 수제자 안연顔淵이 죽었다. 공자는 "하늘이 나를 망치는구나!" 하고 통곡하였다(11-8·9). 또 72세 되던 해에는 자로가 제나라의 내란에 휩쓸려 비명에 죽기도 하였다.

공자의 죽음

죽음을 앞두고 공자는 "다시는 주공周公을 꿈에 볼 수가 없구나!"라고 하였다(7-5). 이는 자기 생의 종언을 예언한 것이기도 하다. ≪예기≫ 〈단궁〉의 기록에 의하면, 공자는 아침 일찍 일어나 지팡이를 끌면서 문 앞을 거닐며 노래하기를 "태산이 무너지려는 도다! 대들보가 부러지는 도다! 철인이 시들으려는 도다!"라고 하고는 방에 들어가 7일 동안 앓아누워 계시다가 돌아가셨다고 한다. 공자가 서거한 날은 기원전 479년(노魯 애공哀公 16년) 이른 봄(4월)으로, 그 때 공자 나이 73세였다.

공자묘

공자는 노나라 성 북쪽 사수泗水 가에 묻혔는데, 제자들은 모두 상복은 입지 않았으나 부모상처럼 삼년 동안 상을 치루었다. 그 후에 공자의 덕을 흠모하는 제자들이 공자 무덤 곁으로 이사와 사는 사람이 100여 호 되었는데, 사람들이 그곳을 '공리孔里'라고 불렀다. 공자의 무덤은 현재는 산동성 곡부성 북쪽의 사천현泗川縣 부근, 공림孔林이라 부르는 숲속에 남아 있다.

공자가 죽자 노나라에서는 애공이 덕을 추모하는 제문祭文을 지어 보냈다. 그 후도 노나라에서는 대대로 공자 무덤에 제사를 지냈고, 선비들은 그곳에 모여 예를 연습하기도 하고 의식을 거행하기도 하였다. 공자가 살던 집은 후세에 사당을 짓고 공자의 의관과 거문고·수레·책 등을 보관하였는데, 한대漢代에 이르기까지 200여 년 동안 잘 보존되었다고 한다.

4. 공자의 사상

공자 사상의 기본 — 인仁·의義·예禮

공자 사상의 기본은 인·의·예 세 개념이다.

공자 이전에는 예는 천도天道에 의거해야 된다고 생각했다. 이러한 생각은 공자에 이르러 근본적인 개혁을 하였다. 공자는 예禮를 의義에다 포함시켰고, 나아가 예를 인仁에다 포함시켰다. 이는 예의 기초가 천天에 있지 않고 인간의 도덕적 자각에 있다는 것을 말한다. 즉 인간의 가치의식의 자각에 의해 과거의 원시신앙의 관습에서 벗어난 것을 의미한다. 그리하여 공자는 주나라 문화정신에 도덕적 자각을 부여하여 마침내 인문문화로서의 유교儒教를 개창한 것이다.

공자가 어릴 때 제기를 벌여놓고 예禮를 갖추는 장난을 하였다고 한 것(≪사기≫ 〈공자세가〉)은 공자가 사士에 속하는 유儒라는 신분 출신이었기 때문이다. '유'는 은나라의 '사'에 속하던 유민 중의 한 계층으로서 그들은 은례殷禮의 보존자이며, 공자의 유가儒家도 여기에서 나온 것이다. 이들은 부잣집의 예를 돌보아 주는 것으로써 생계를 유지하였다. 그러므로 공자가 예를 극히 중요시 한 것은 이러한 신분적 조건과 유관한 것이다.

공자가 말한 예는 크게 말하면 은殷나라의 유민으로서 보존한 은나라의 여러 가지 문화형식이며, 작게 말하면 인간 행동의 기준을 총칭하는 것이다. 행동 기준으로서의 예는 다시 말하면 한 인간을 자립하게 하여 남 앞에 나설 수 있게 하는 데 있다(8-8, 16-13). 문화형식으로 말하면 예는 유가의 '치인治人'을 위한 정치경제적 기능을 하는 것이다. 공자는 또 예의 형식은 바꿀 수 있으므로 예는 그 정신을 실현하는 것이 가장 중요하다고 생각했다(3-4, 9-3. 〈팔일편〉에 예에 관한 언급이 가장 많고, 〈향당편〉에는 공자 일상생활상의 예법이 실려 있다).

의義란 ≪논어≫에서 마땅함, 올바름(정의), 도리道理를 의미한다. 공자가 "의를 보고도 행하지 않으면 용기가 없는 것이다."라고 할 때의 '의'는 '올바름'을 의미한다(2-24). 번지樊遲가 '지知'를 물은 데 대하여 공자가 "사람이 마땅히 해야 할 일(의義)을 해야 하고,……"라고 할 때의 '의'는 '도리'(책임을 포함하여)를 말한 것이고(6-20), 공자가 "의를 듣고도 실천할 수 없고,……"라고 할 때의 '의'는 '올바른 이치'란 뜻의 도리를 말한 것이다(7-3). 공자는 인을 실현하는 데 의가 있어야 한다고 생각했다. 공자는 그리하여 "군자는 이 세상에 처하는 데 있어서 어느 한 가지를 고집하지도 또는 부정하지도 않고 오로지 의를 좇아 행할 뿐이다."라고 하였다(4-10). 그 밖에도 공자는 군자는 의에 밝고, 소인은 이익에 밝다고 하고(4-16), 이득을 보거든 의를 생각하라 하기도 하고(16-10), 의롭지 못한 부귀는 나에게는 뜬 구름과 같다고 하기도 하였다(7-15).

공자가 "군자는 의로써 바탕을 삼고 예로써 이를 실천하며,……"라고 한 것(15-17)은 예를 의에 귀속시킨 것을 잘 나타낸다. 예의 근본으로서 의를 생각하였으므로 공자는 예의 형식 문제는 바꿀 수 있다고 생각한 것이다. 즉 전통에 구애될 필요도 없고 세속에 따를 필요도 없다고 생각했다(9-3). 또 공자는 "군자가 용기만 있고 의가 없으면 난을 일으키고, 소인이 용기만 있고 의가 없으면 도둑질을 한다."고도 하였다(17-23).

이와 같이 예는 의라고 하는 가치의식 위에 세워졌으므로 하나의 문화질서이다. 그러므로 의를 바탕으로 하고 예의 형식을 실천함으로써 이제는 천도天道에 의존할 필요도 자연을 모방할 필요도 없는 인간 주체에 의한 문화 건설이 가능하게 된 것이다.

'인仁'이란 공자 학설의 중심이며, 이후 유교 사상의 핵심 개념이 된 것으로 매우 중요한 개념이다.

인이란 남을 자기처럼 여기고, 사사로운 감정의 얽힘을 깨끗이 제거한 경지이다. 이는 도덕적 자각의 경지이며 자아의 도덕적 주체이기도 하다. 인은 자기의 사심을 극복한 공심公心의 경지이다. 이 공심에 서면 반드시 올바름(의)을 추구하게 된다. 그러므로 인이 도덕적 자각이라면 의는 그것의 실천이라고 할 수 있다. 그러므로 공자는 '극기복례克己復禮'를 인이라고 하였다(12-1). 여기서는 물론 인의 구현을 위해서 예의 실천을 말하였다. 그러나 예 역시 인으로 돌아가야 한다. 그러므로 공자는 "사람이 인하지 못한데 예가 무슨 소용이 있겠는가?"라고 하였다(3-3).

공자는 인의 실천에 있어서 '충서忠恕'라는 방법을 구체적으로 제시하였다. '충忠'은 자신의 진심을 다 발휘하는 것, 즉 생각마다 사욕을 벗어나 구차스럽지 않은 것이다. '서恕'는 남을 자기 마음으로 미루어 보아 남을 침해하지 않는 것이다. 그러므로 공자는 중궁仲弓이 인을 물은 데 대하여 "자기가 원하지 않는 것을 남에게 베풀지 마라."라고 하였다(12-2). 또 자공이 평생 행할 만한 한마디 말씀을 해 달라고 하자 공자는 "그것은 서恕이다! 자기가 원하지 않는 바를 남에게 베풀지 마라."라고 똑같이 말하였다(15-23). 뿐만 아니라 공자는 "인이란 자기가 서고자 하면 남을 먼저 세우고, 자기가 달성하고자 하면 남을 먼저 달성하도록 해야 한다."라고 하였다(6-28). 그리하여 공자는 "나의 도道는 하나로 꿰뚫었다."라고 하였고, 증자曾子는 그 하나를 '충서'로 해석하였다(4-15). 공자에 있어서는 이 인에 의해 도道에 뜻을 둘 수 있고, 도를 실천할 수 있다. 그러므로 공자는 도를 논하면서 인을 항상 근본으로 삼았다(4-5·9).

공자는 인의 실천을 설명하면서 또 여러 가지 다른 덕목을 말하였다. 먼저 가정에서의 '효孝'와 '제弟'를 말하였다(1-2). 또 자장이 인을 물은 데 대하여 공자는 공恭·관寬·신信·민敏·혜惠 다섯 가지를 말하여 주었다(17-6). 또 번지가 인을 물었을 때에는 공자는 공恭·경敬·충忠 세 가지를 말하여 주었다(13-19). 공자는 또 인을 지知·용勇과 함께 말하였다(9-29).

이와 같이 공자는 인간 덕의 총칭으로서의 인의 덕을 한마디로 말하기 어려웠으므로 여러 가지 덕과 연관하여 말하였다. 한편으로는 실천에 있어서 인의 실천 태도나 방법을 가지고 인의 덕을 다양하게 설명해 보기도 하였다. 예를 들면 인자仁者는 말보다 실천이 앞서야 하고(12-3), 겉으로 꾸미는 자는 솔직하지 못하므로 인하다고 할 수 없고(1-3), 인자는 이득보다는 자기가 어려움을 솔선수범해야 하고(6-20), 인자라야 진실한 마음을 가지고 있으므로 좋아하고 미워하는 일도 올바르게 할 수 있으며(4-3), 진정한 인자는 잠시 인을 행하는 것이 아니라 자기의 생명성과 더불어 인 그 자체를 실천해야 하며(4-5, 8-7), 그리하여 경우에 따라서는 인을 위하여 목숨을 내놓을 수 있어야 한다고 하였다(15-8). 목숨을 바쳐 인을 이룬다는 것은 종교적 차원의 삶의 태도라고 말할 수 있다.

이상에서 본 바와 같이 공자의 인은 우리가 일반적으로 '사랑', '인자함', '관대함' 등 인정이나 사랑과 관계가 깊은 마음가짐이나 행위를 나타내는 것으로 알고 있으나 그것만으로 다 설명할 수 없는 포괄적인 덕목이다. 즉 공자의 인은 '영웅적인 성격, 남자다움, 비범한 인물'이라는 전인적인 우수성, 또는 우월성을 의미하고 있다. '우수한 인격'에는 애정이나 친절도 필요하지만, 나아가서는 정치적으로 유능하다든가 고독을 이겨내는 기개, 실행력, 강한 절의節義 등 이상적인 남성적 미덕을 필요로 한다. 그것은 공자가 관중管仲을 평가한 말에서 단적으로 나타나 있을 뿐만 아니라 인에 대한 문답에서 여실히 나타나 있다.

뿐만 아니라 인이란 미칭이 여성에게는 제외되어 있고, 우수한 남자에게만 쓰는 점에서나, 공자의 인이 교육목표인 '군자 양성'과 밀접하게 연관되어 있는 점을 보아서도 인이 일반적인 의미가 아닌 것을 알 수 있다. 그러므로 공자가 "인자仁者라고 할 만하다."라고 하는 경우 그것은 "군자라고 할 만하다."라고 하는 것과 같은 의미가 되는 것이다.

교육사상

공자의 교육목표는 그의 정치 이상인 봉건질서의 회복, 즉 귀족적인 사회질서의 재건을 담당할 이상적인 지배계급(귀족)—군자—의 양성에 있었다. 그러나 교육에 있어서는 공자는 모든 계급적 한계를 무시했다. 그것은 누구나 올바른 교육을 받아 덕을 닦고 학문을 이루기만 하면 지배계급으로 오를 수 있었음을 의미한다. 그러므로 공자는 "가르침에는 유별이 없다."라고 하고(15-38), 또 "간단한 예물을 갖춘 사람에게는 가르치지 않은 적이 없다."라고 하였다(7-7). 실제로 공자의 제자 중에는 천민 출신도 있었다.

공자는 아무리 훌륭한 덕이 있어도 사람이 학문을 하지 않으면 제값을 발휘하지 못한다고 하여 '육언육폐六言六弊'에 대하여 말하였다(17-8). 그러나 공자는 한편으로 '향원鄕原'에 대해서는 격렬히 비난하였다(17-13). '향원'이란 속인들 사이에서 원만하다고 칭송 받는 사람인데, 이들은 학식이나 지혜만 있고, 도덕적 수양이 결여된 사람으로 공자는 이들이 세상에 오히려 해를 끼친다고 보았다. 그리하여 심지어 공자는 과격한 자나 고집쟁이처럼 진취적 기상이 있거나 나쁜 짓을 절대로 하지 않는 사람이 더 낫다고 하기도 하였다(13-21). 그러므로 공자의 교육 목표는 군자를 길러내는 것이었고, 군자는 지식과 더불어 도덕적 수양이 잘 된 사람을 의미하였다.

종교사상

공자의 사상을 유교儒敎라고 후세에 부르지만 종교로서 유교라고 한 것은 아니다. 실제로 오늘날의 종교 관념으로 보면 내세관이라든가 인격신(창조주)이라든가 하는 것을 상정하고 있지 않으므로 공자의 사상은 종교적 색채가 희박하다. 그러나 그의 하늘〔天〕에 대한 언급을 보면 운명적인 것과 연관된 그의 종교적 마음을 볼 수 있다.

뿐만 아니라 예의 실천과 인륜적 책임 의식을 강조한 점에서도 그의 종교적 경건성을 읽을 수 있고, 또한 인간의 도덕적 노력에 의해 자신의 인간적 성취와 사회 문화를 건설하려는 집념에서는 깊은 종교적 믿음과 같은 것을 볼 수 있다.

그러나 공자의 입장은 종래의 미신적인 종교적 분위기에서 벗어나 인간의 이성에 의한 인문 문화의 건설을 목표로 하고 있었으므로 자로子路가 귀신에 대해서 묻자 "사람도 아직 잘 섬기지 못하는데, 어찌 귀신을 섬기겠는가?"라고 하고(11-11), 또 죽음에 대해서 묻자 "삶도 아직 모르는데 죽음을 어찌 알겠는가?"라고 하였다(11-11). 또 공자는 평소에 괴이한 것·힘에 관한 것·난동亂動·귀신에 대해서 말씀하지 않았다고 한다(7-20).

정치사상

공자의 정치사상은 첫째, 덕치德治 사상이다. 공자는 "덕으로 정치를 하는 것은 마치 북극성은 일정한 장소에 있으나 여러 별들이 그 주위를 도는 것과 같다."라고 하였다(2-1). 또 "백성들을 법령이나 형벌로 다스리면 법망을 피하려만 하고 도덕심이 없어지지만, 덕과 예로써 다스리면 바로잡힐 뿐만 아니라 도덕심도 생겨난다."라고 하였다(2-3). 덕치는 결국 지도자가 솔선수범해야 되는 것은 말할 것도 없다. 그러므로 공자는 '정政'이란 '바로잡는 것〔正〕'이라 하고(12-17), 위정자 자신의 모범을 강조하였다(12-18·19, 13-6·13).

둘째는 예치주의禮治主義이다. 예는 개인의 행동이나 외모를 규제하는 규칙일 뿐만 아니라 사회와 국가의 질서를 유지하는 규칙이기도 하다. 공자가 예를 중요시한 것은 예란 자연의 섭리와 통하는 것으로 생각했기 때문이다. 공자가 그 이전 시대의 예를 연구한 것은 그것이 세상을 올바로 다스리는 바탕이 된다고 보았기 때문인데, 이때의 예는 그 시대의 문화를 총칭하는 것이다. 그 이전 시대의 예로서 공자는 특히 주나라의 문물제도를 이상적으로 보았다(3-14). 유가가 복고적인 이유도 공자의 이러한 고전적 예를 존중한 때문임은 물론이다.

셋째로는 정명주의正名主義이다. '정명'이란 명분名分(혹은 명칭名稱)을 바로잡는 것을 말한다. 자로子路가 위나라 임금이 선생님께 정치를 맡긴다면 무엇부터 하시겠습니까 한 데 대하여 공자는 "명분을 바로 잡겠다."라고 하였다(13-3). 명칭을 바로 잡는 것이란 제각기 주어진 명칭(직분 또는 인간관계)에 들어맞는 모양과 행동을 한다는 것이다. 이것은 앞의 예치주의와도 연관이 깊다. 모든 사물이 주어진 명칭이나 명분과 꼭 맞는 올바른 상태에 있다는 것은 질서의 극치를 뜻하는 것이다. 공자가 "임금은 임금다워야 하고, 신하는 신하다워야 하고……"라고 한 것(12-11)은 정명주의를 쉽게 표현한 것이다.

윤리사상

유교가 고대 중국의 대가족 제도 하의 인간관계를 이론화한 것이므로 그 윤리의 성격이 가정(가족)윤리이며, 그것의 기본이 '효孝'이다. 공자 역시 ≪논어≫에서 '효'를 매우 강조하고 있다. 공자가 '효'를 강조한 것은 부모와 자식 사이의 관계야말로 모든 훌륭한 인간감정의 바탕이 된다고 생각했기 때문이다. 공자는 "효도와 우애友愛는 인仁을 이룩하는 근본이다."라고 하였다(1-2). 당시는 가족공동체의 연장선상에 국가공동체가 있었으므로 효도와 우애의 감정을 더 발휘하여 가정 바깥에서도 인을 이룰 수 있다고 한 것이다.

공자가 말한 이 효는 부모 자식간의 소박하고 일차적인 감정을 포착하여 공경과 사랑의 도덕을 말한 것이다. 후세 전제군주專制君主 통치의 강화와 더불어 나타난 일방적인 복종과 의무를 말하고자 한 것은 아니다. 효행孝行의 방법으로 공자는, 수고로워도 원망하지 말아야 하고(4-18), 부모가 계시면 먼 길을 떠나지 말며, 집을 떠날 때는 반드시 향방을 알려야 하며(4-19), 부모는 자식의 병을 제일 걱정하니 몸을 잘 보존해야 하며(2-6), 부모에게 음식 봉양 잘 하는 것만이 효가 아니며(2-7), 부모에게 얼굴빛을 언제나 밝게 가지고, 일이 있으면 그 노고를 자기가 대신하고, 음식이 있으면 부모에게 먼저 드리는 것이 효도이며(2-8), 부모 생전이나 사후나 항상 예로써 섬기는 것이 효도라고 하였다(2-5).

공자의 이러한 말 속에서 동양윤리의 원천인 효의 가정윤리를 볼 수 있는데, 이는 동양의 농경사회와 밀접한 관련이 물론 있지만, 인간관계의 가장 기본적이고 소박한 부모-자식 관계를 말한 것이므로 오늘날 가족윤리의 재건에 경청할 부분이 많다. 그러나 사랑은 이것만으로는 부족하고 역시 앞으로는 이것과 아울러 평등 박애平等博愛의 정신이 병행되지 않으면 안 된다.

예술사상

공자 시대에는 오늘날 의미의 '예술'은 없었다. 공자 이전부터 내려왔던 귀족의 교양으로서의 '육예六藝'도 여섯 가지의 '기예伎藝'에 해당되었고, 오늘날 의미의 예술을 지칭하는 것은 아니다. 다만 그 육예 중에 시와 음악은 예술의 범주에 들어간다고 할 수 있다. 그러나 공자가 이야기한 시와 음악은 단순히 예술적인 관점에서만 말한 것이 아니고, 시는 윤리, 음악은 예와 연관시켜 말하였다(활쏘기도 예와 연관시켜 말하였다) 즉 인간의 인격완성을 위하여 시와 음악을 말하였다. 오늘날의 순수 예술과는 거리가 있는 것이다.

공자는 분명 도덕적 관점에서 시詩를 보았다. 그러므로 그는 시상詩想의 순수함을 좋아하여 "시 삼백 편을 한마디로 말하면 그 시상에 사악함이 없다는 것이다."라고 하였다(2-2). 그리하여 공자는 시와 음악으로써 제자들을 교육하였다. 공자는 말하기를 "시로써 흥기하고, 예로써 일어서고(행동기준을 확립하고), 음악으로써 인격을 완성한다."라고 하였다(8-8). 심지어 자기 아들에게도 시를 배우지 않으면 사람이 담벼락을 대하고 선 것처럼 답답한 인간이 된다고 하였다(17-10).

공자의 악樂은 당시의 중요한 의식에서 연주하던 의식의 음악, 즉

'예악禮樂'이었다. 그러므로 이때는 음악이 예와 완전히 일치되어 있었다. 더구나 앞에서 말한 시도 이 때 연주되던 음악의 가사였으므로 시·예·악은 삼위일체三爲一體가 되어 있었다고 할 수 있다. 오늘날 우리나라에 전해오는 소위 '아악雅樂'–궁중 음악–이 그것에 해당된다. 공자는 이 '예악'을 인간의 인격 함양에 매우 중요한 역할을 한다고 믿었다.

공자에 대해 다음과 같이 현대적 평가를 내릴 수 있다.

(1) 공자는 노예제에서 봉건제로 넘어가는 과도기에서 봉건 사회 통치에 일정한 기초를 부여했는데, 그의 이러한 사상에는 보수적인 면과 진보적인 면이 동시에 있어서 일도양단一刀兩斷하기가 어렵다.

(2) 공자 사상이 엄밀하고 완벽한 사상 체계를 가지고 있는 것은 아니다. 공자 자신은 "나의 도는 하나로 꿰뚫었다.〔吾道一以貫之〕"라고 하지만, 당시 사상 수준에서는 그렇지 못하였다. 그러므로 공자 사상과 후세 공자 사상을 연역演繹한 체계적인 유가 사상을 동일시해서는 안 된다.

(3) 공자가 당시에 펼친 교육 사업과 역사의 편찬이나 시와 음악의 정리 등은 중국 문화사에 큰 공헌을 한 것이다.

(4) 공자를 역사적 인물로 평가해야지 교주敎主나 초인超人으로 보아서는 안 된다. 당시 그보다 선배인 정치가 자산子産이나 안영晏嬰도 뛰어난 재주를 가지고 있었고, 또 은자隱者들도 있었으며, 그와 의견은 달랐지만 사士라는 계층이 널리 활

약하고 있었다.

(5) 그의 인생의 지혜와 경험에 대한 이야기, 그리고 그의 생에 대한 진지한 태도와 불굴의 정신은 현대인에게도 공감을 주기에 충분하다.

5. 공자의 제자

≪사기史記≫ 〈공자세가孔子世家〉에는 공자의 제자가 3천명이었고, 그 중 육예에 통달한 사람이 72인이었다고 하였다. 같은 책 〈중니제자열전〉에는 77명의 전기를 쓰고 있다(간단한 내용이고, 이름만 기재된 경우도 여럿이다). 이 열전列傳 중 사적이 얼마간이라도 전해지고, 또 ≪논어≫에 이름이 나오는 사람을 추리면 도합 26명(이하 ≪사기史記≫ 〈중니제자열전仲尼弟子列傳〉의 순)이다.

수레에 탄 공자와 그 제자들

안회顔回

자는 자연子淵이고, 보통 성과 자의 끝자를 따서 '안연顔淵'이라 부른다. 성과 자를 합하여 부를 때도 있다. 노나라 사람으로 공자의 수제자이다. 공자보다 30세 연하이고, 41세에 공자보다 먼저 죽었다. 어질고 덕행이 있는 제자로 그에 대한 칭찬은 ≪논어≫ 곳곳에 많이 나온다. 후세에 '복성復聖'이라고 불렸고, 중국 곡부曲阜에 '복성전復聖殿'이 있어 그를 제사 지낸다. 공자 사당 안에서는 동쪽 편 제일 첫 번째 자리를 차지하고 있다. 아버지 안로顔路도 공자의 제자이다.

민손閔損

자는 자건子騫이고, 노나라 사람으로 공자보다 15세 연하이다. '공문孔門 10철哲'의 한 사람으로 '덕행德行'의 과科에 들어 있고, 효행孝行으로 이름이 났다. 맹자孟子도 안연顔淵·염우冉牛와 더불어 소성인小聖人의 한 사람으로 보았다(≪맹자≫ 〈3-2〉). 과묵하고 온화한 인품의 군자로서 정의심이 강하였다.

염경冉耕

자는 백우伯牛이고, 노나라 사람으로 공자보다 7세 연하이다. 상세한 것은 알 수 없다. 공자가 노나라 사구司寇가 되었을 때 그는 노나라 중도中都의 읍재가 되었다고 한다. '공문 10철'의 한 사람으로 '덕행'의 과科에 들어 있다.

안회

민손

염경

염옹冉雍

자는 중궁仲弓이고, 노나라 사람으로 공자보다 29세 연하이다. 염경冉耕의 아들로 인품이 중후하고 과묵하여 '덕행'으로 '공문 10철'에 들어 있다. 말솜씨가 조금 없었던 모양이다. 한 때 계씨季氏의 영지의 읍재를 하기도 하였다(13-2).

염구冉求

자는 자유子有이고, 흔히 염유冉有라고 부른다. 노나라 사람으로 공자보다 29세 연하이다. 그 성격은 온화 겸손하였던 것 같다. 그의 행동은 다소 소극적이었던 것 같으나 정치에는 염유와 계로季路라고 한 것을 보면(11-2) 자로와 함께 정치에 소질이 있었던 모양이다. 그리하여 한 때 노나라 세도가 계씨의 가신이 된 적이 있었는데, 계씨가 참람하게 태산에 제사를 지내므로 공자가 염구에게 그것을 말릴 수 없겠느냐고 하자 자기는 불가능하다고 하여 공자로부터 힐책을 받은 적이 있다(3-6). ≪논어≫에 '자'를 붙여 존경을 나타낸 제자가 네 사람인데, 그 중의 한 사람이다.

중유仲由

자는 자로子路이고, 계로季路라고 하기도 하였다. 노나라 사람으로 공자보다 9세 연하이다. 용감한 성격의 소유자로 공자는 그 사람됨을 좋아하였다. 정직하면서 용감하였으나, 사태를 속단하는 폐단이 있었다.

염옹　　염구　　중유

재여宰予

자는 자아子我이고, 자공과 비슷한 나이로 추정된다. 노나라 사람으로 언변이 좋았다. 그러므로 '공문 10철'에 '언어言語'의 과科에 들어 있다. 그러나 낮잠을 잔다고 공자로부터 꾸지람을 받기도 하였고(5-9), 부모상에 삼년상이 너무 길다고 하여 역시 공자로부터 질책을 받기도 하였다(17-21). 또 한번은 노나라 애공이 '사社의 나무〔社木〕'에 대해 물은 데 대하여 잘 모르면서 멋대로 대답했다 하여 공자로부터 꾸지람을 듣기도 하였다(3-21).

단목사端木賜

성은 단목端木이고, 자는 자공子貢이다. 위나라 사람으로 공자보다 31세 연하이다. 재아宰我와 더불어 '언어言語'의 과에 들어 있는 '공문 10철'의 한 사람이다.

말솜씨가 있었고, 재주가 총명하고 뛰어났던 것 같다. 노나라와 위나라에 벼슬하여 외교 담판에 성공을 거두었다. 또 이재理財에도 능하여 부를 이루었다고 한다. ≪논어≫ 중에 자공의 말이 매우 많은데, 그것을 통하여 볼 때 공자 제자 중 중요한 인물이었던 것 같다.

언언言偃

자는 자유子游이고, 오吳나라 사람으로 공자보다 45세 연하이다(≪사기≫). 노나라 무성武城의 읍재邑宰가 되어 예악으로 정치를 하려 하였다(17-4). 한문을 잘 하여 자하子夏와 더불어 '문학文學'의 과로 '공문 10철'에 들어 있다.

재여

단목사

언언

복상卜商

자는 자하子夏이고, 위나라 사람으로 공자보다 44세 연하이다. 공자의 제자 중 학문에 뛰어나 유가儒家의 많은 경전經典들을 전승하는데 큰 공을 세웠다. 문인이 많았고, 보기 드물게 장수하였다(108세).

전손사顓孫師

성은 전손顓孫이고, 자는 자장子張이다. 공자보다 48세 연하로 진陳나라 사람이다.

≪논어≫나 기타 문헌을 보면 자장은 당당한 태도를 가지고 있었던 것 같으나 인물의 내용이 좀 공허하게 보이는 것은 그가 젊었을 때 공자가 죽었으므로 그의 젊은 시절에 공자로부터 받은 몇 가지의 가르침이 얼마 되지 않았기 때문이다. 그러므로 이러한 자료만으로 그를 단적으로 평가해 버릴 수는 없다.

증삼曾參

자는 자여子輿이고, 노나라 사람이다. 공자보다 46세 연하이다. 그의 성품을 노둔하다고 공자가 평하였으나(11-17), 공자의 도를 전하는 데에 제일인자였다. 효孝로 이름이 났었고, ≪논어≫에 나오는 인물 중에 '자子'라는 존칭을 붙인 네 사람(증자·염자=염옹·유자·민자) 가운데 한 사람이다.

복상 전손사 증삼

담대멸명澹臺滅明

성은 담대澹臺이고, 자는 자우子羽이며 노나라 사람이다. 공자보다 39세 연하이다. 매우 추남이었으나 인품은 공정하였다.

복부제宓不齊

자는 자천子賤이고, 노나라 사람이며 공자보다 40세(혹은 30세) 연하로 공자 만년의 문인이다.

원헌原憲

자는 자사子思이고, 노(혹은 송)나라 사람으로 공자보다 36세 연하이다. 과욕청정寡欲清淨한 인품의 소유자로 공자가 노나라 사구司寇가 되었을 때 집사執事로 일했다(6-3).

담대멸명 복부제 원헌

공야장公冶長

성은 공야公冶이고, 자는 자장子長이며 제(혹은 노)나라 사람으로 공자보다 30세 연하이다.

남궁괄南宮括

성은 남궁南宮이고, 이름을 도縚라 하기도 한다. 자는 자용子容이고, 시호諡號는 경숙敬叔이다. 남궁南宮에 살았고, 맹의자孟懿子(노나라 대부)의 형이다. 남용은 '남궁자용南宮子容'의 약칭이다. 노나라 사람으로 공자의 문인이며, 나이는 알 수 없다.

공자가 다른 데서 그를 평하기를 "그는 나라에 도가 있을 때는 등용되고 나라에 도가 없을 때라도 형벌은 면할 만한 신중한 사람이다."라고 하였다. 특히 ≪시경詩經≫의 〈백규편白珪篇〉을 세 번 반복해 읽자 공자가 형님의 딸을 아내로 삼게 했다는 말이 논어에 나온다(5-1).

증점曾點

자는 자석子晳이고 노나라 사람이며, 증삼의 아버지로 나이는 불명이다.

공야장

남궁괄

증점

안무유顔無繇

이름을 유由라 하기도 한다. 자는 로路, 혹은 계로季路이며 노나라 사람으로 공자보다 6세 연하이다. 안회의 아버지이며 최초의 제자 중 한 사람이었던 것 같다.

고시高柴

자는 자고子羔이고 공자의 제자이며, 공자보다 30세 연하이다. 키도 작고 추남이었으나 지나치리 만큼 소박한 인간미를 가진 사람이었다. 계씨季氏의 가신家臣이 된 적도 있고, 위衛나라에서 벼슬한 적도 있다. 공자가 그의 소박함은 지나치다고 하여 "시柴는 어리석다.〔愚〕"라고 한 적도 있다(11-17).

칠조개漆雕開

성은 칠조漆雕이고, 자는 자개子開이다. 채나라 사람으로 공자보다 11세 연하인 것 같다.

안무유

고시

칠조개

공자를 배향한 공묘孔廟의 대성전大成殿(중국 산동성)

사마경司馬耕

성은 사마司馬이고, 이름을 이犁라고 하기도 한다. 자는 자우子牛이고, 송나라 사람으로 환퇴桓魋의 동생이다. 연령은 알 수 없다. 그는 성질이 조급하여 말이 많고, 가벼웠던 것 같다.

번수樊須

자는 자지子遲이고, 노(혹은 제)나라 사람으로 공자보다 46세(혹은 36세) 연하이다.

유약有若

자는 자유子有이고, 노나라 사람으로 공자보다 43세 연하였다. 유약의 용모가 공자와 비슷하여 공자 사후에 제자들이 공자를 너무 사모한 나머지 유약을 공자 대신으로 삼아 스승의 예를 행하자고 한 적이 있는데, 그러나 증자가 공자는 그 누구도 대신할 수 없다고 하여 반대하였다고 한다(≪맹자≫ 〈5-4〉). ≪논어≫에서 '자子'자를 써서 존칭을 나타내는 사람은 유자(유약)와 증자와 염자冉子(염구冉求)와 민자閔子 네 사람이다. 그러므로 이 ≪논어≫의 편집이 증자와 유자의 제자들에 의해 이루어진 것이 아닌가 보기도 한다.

사마경　　번수　　유약

공서적公西赤

성은 공서公西이고, 자는 자화子華이다. 노나라 사람으로 공자보다 42세(혹은 32세) 연하이다. 의식 예법에 정통하여 공자 장례에 장례위원장의 직책을 맡았다.

무마시巫馬施

성은 무마巫馬이고, 자는 자기子期(혹은 자기子旗)이다. 국적 불명으로 공자보다 30세 연하이다.

공서적

무마시

공자의 제자는 공자가 노나라를 떠나기(56세) 이전부터 제자가 된 선배 그룹과 공자가 노나라로 돌아온(68세) 뒤에 공자를 찾아온 후배 그룹으로 나뉜다. 선배 그룹은 공자의 실제 정치 활동에 따라다니며 참여하였기 때문에 정치·군사·외교 등에 대해 많은 일을 하였고, 후배 그룹은 공자가 만년에 전통 문화와 경전 연구에 힘쓸 때였으므로 학술 사상 방면에 많은 업적을 올렸다.

공자를 배향한 성균관의 대성전大成殿(서울)

자로·염유·재여·자공·민자건·염백우·중궁·원헌·자고 등이 선배 그룹이고, 자유·자하·자장·증자·유약·번지·칠조개·담대멸명 같은 사람들이 후배 그룹에 속한다.

≪논어≫ 〈선진편〉(2장)에서 공자가 거명한 10명의 제자(사과십철四科十哲이라 부름)는 이들 중에서도 뛰어난 제자들이다. '덕행'에는 안연·민자건·염백우·중궁, '언어言語'에는 재아·자공, '정사政事'에는 염유·계로, '문학文學'에는 자유·자하가 그들이다(후세 사람들은 유학 발전에 공이 큰 증자가 빠진 것은 불합리하다고 말하기도 한다).

| 제2장 |

맹자孟子와 순자荀子의 도덕론

1. 서 언序言

맹자

중국 고대의 경우 인간에 대한 이해는 '인간의 본성(인성人性 : Human Nature)'에 대한 탐구로 나타났다. 그러나 이 인성을 다만 하나의 사실, 즉 인간의 자연적 사실로 받아들이기보다는 인간이 이를 어떻게 처리해야 되느냐 하는 식의 인간 도덕의 실천 문제와 연관시켜 바라보았다. 맹자의 경우 이 인간의 자연적 사실로서의 인간의 성性 중에서 도덕적인 부분은 선하다고 하여 이를 어떻게 발휘해야 되느냐 하는 방법, 즉 도덕적 수양의 문제와 연관시켜 논의하였다.

맹자孟子 당시 그와 의견을 달리한 고자告子의 경우 인성人性을 인간의 자연적 사실로 보려는 자연주의적 입장을 취하였다. 그 후의 성삼품설性三品說(성선설과 성악설의 절충설로, 타고난 본성에는 상·중·하의 세 계급이 있다는 견해) 같은 것은 인간을 세 가지 유형으로 고정시켰으므로 인간 보편성을 말하기에는 부족한 이론이었다. 맹자의 성선설은 인간의 도덕적 근원을 천天이 아니라 인간 내면, 즉 인간 주체에서 찾으려 하는 점에서 인본주의人本主義로서의 유가儒家의 이념을 철학적으로 정초定礎한 데 의미가 있고, 또 인성의 보편성을 강조하여 중세적인 인간 평등론平等論을 수립한 데도 의미가 있다고 할 수 있다. 그러나 그것은 인간의 욕망欲望과 같은 부정적인 인간의 자연적 본성을 도외시한 것이어서 인간의 악惡을 설명하기에는 부족한 이론이었다. 그러므로 송대 유학宋代儒學의 철학적 전개인 성리학〔新儒學〕에 와서는 맹자의 이러한 점을 보완하기 위하여 '기질지성氣質之性'이라는 것을 창안하였다.

맹자는 어디까지나 인간이 도덕적으로 될 수 있다는 가능 근거를 인성에서 찾아내려 하였으므로 인간 욕망 부분을 제외하고 도덕적인 부분만 강조하여 '성선性善'이라고 하였다. 그러므로 맹자의 성선설은 입론入論으로서는 불충분하다고 할 수 있다.

그러나 이것을 다른 각도에서 보면, 그의 인성론人性論은 인간의 착한 본성의 확충이 필요하다는 소위 확충론擴充論과 함께 보아야 그 뜻을 잘 이해할 수 있고, 또한 윤리학적으로 볼 때 그 입론의 형식은 역시 '가치적 입론'(평가적 발언)으로서 발언자의 주관적 신념이 무르녹아 있는 '권유적 발언'(commending)이라는 점을 살펴야 그 입론의 취지를 충분히 이해할 수 있다.

물론 맹자 성선설의 중요한 근거는 천의 내재성과 합목적성에 있다고 할 수 있다. 즉 천天의 내재로서의 성性이므로 선하지 않을 수 없는 것이다.

맹자의 성선설을 그의 정치사회론과 연관시켜 말해보면 다음과 같다. 그는 공자를 계승하는 것을 자임自任하였는데, 공자는 주周의 봉건제도 회복을 그의 정치적 이념으로 하고 있었으므로 맹자 역시 공자의 이 이념을 계승하였다.

그러나 정치 현실은 공자 당시 이미 주의 제도를 유지하기 어려웠고, 맹자보다 약간 시대가 앞서는 상앙商鞅에 의해 변법變法(제도개혁)이 행해지고 있었다. 맹자는 이에 반대하고 주의 봉건제도를 지지하였다. 이러한 때에 그의 성선설은 제후·대부 등을 배후에 가지고 있는 봉건세력에게 도덕의 가능근거를 제시하고, 군주의 교화의 필요성을 분명히 해주었다.

그러나 전국시대戰國時代 중기 왕도王道는 실현 불가능하였다. 거기에서 맹자는 왕도의 근거를 인성에서, 천에서 이상적으로 구하였던 것이다.

≪논어論語≫이 의하면 공자孔子는 일찌기 성을 말하지 않았던 것 같고, 따라서 성선설은 맹자의 독창적인 것 같이 생각되지만, 실제로는 맹자는 공자의 천명설天命說을 개조하여 성선설로 만든 것에 지나지 않는다.

공자의 천명은 천에서 부여된 것이라는 의미로서 주관적으로는 우리들 인간의 마음속에 선천적으로 타고난 도덕심을 의미하나 객관적으로는 우리들이 봉착하는 운명도 의미한다.

맹자는 공자의 이 명命을 나누어 두개의 개념으로 구별하였다. 즉 주관적 방면 즉 천명의 의미를 나타낼 때는 성이라는 글자를 쓰고, 객관적 방면, 즉 운명을 나타낼 때는 명이라는 글자를 썼다. 따라서 맹자의 성은 공자의 명을 약간 국한시킨 것이다. 따라서 맹자의 성선설을 이해하기 위해서는 그의 성명관性命觀(천명관·운명관)을 살펴볼 필요가 있다.

맹자는 '성性'과 '명命'을 논하면서 '이목耳目의 관官'(눈이나 귀 같은 감각기관)이 쾌락을 바라는 것은 인간의 성에 속하지만 이 쾌락의 대상 획득 여부는 운명에 의해 좌우되는 경우가 적지 않으므로 군자는 이것이 본래는 성에 속한다는 것을 알지만, 그것을 '성'이라고 단정하지 않는다 하고, 또 인의예지仁義禮智의 실현이나 성인聖人의 왕도에 의한 천하 통치에 운명의 요소가 다분히 작용하고 있기 때문에 그것을 '명'에 속한다고 할 수는 있지만, 그 본질적인 면에서 보면 인의예지의 덕은 인간의 성에 내재하기 때문에 비록 실현이 '명'에 의해 좌우된다고 하더라도 이것을 명이라고 부르지 않는다고 하였다.

원래 성과 명은 다 천天에서 부여된 것으로 근원에 있어 동일한 것임에도 현실에 있어서는 양자가 서로 용납되지 않고 대립되어 나타나는 일이 적지 않다. 이 성과 명의 대립을 명확히 최초로 인식한 것이 맹자였다. 그러므로 맹자의 성선설을 이해하기 위해서는 맹자의 이러한 성과 명의 변증법적 상충관계를 잘 이해하지 않으면 안 된다. 그렇게 함으로써 그가 굳이 인간의 자연적 사실로서의 욕망을 제외하고 성선을 강조한 이유와 그렇게 입론한 성선설의 윤리학적 명제(입론)로서의 성격 및 그 명제가 나타내는 참뜻과 한계를 명확히 알 수 있다. 그리하여 더 나아가 원시 유가의 인간이해의 장점과 한계까지 잘 알 수 있게 될 것이다.

즉 성선설로 대표되는 맹자의 인간관은 인간의 정치적 권위나 사회적 명예보다 인간의 도덕적 성숙과 종교적 감응感應이 더욱 중요하다고 보았으며, 나아가 모든 사회적 선한 행위가 도덕적 자각에서 나오고, 이 도덕적 자각은 인간의 본성이 근원하고 있는 '천도'(하늘의 도)에 대한 깊은 체험〔感應〕에서 비롯된다는 것을 설파하였다.

2. 맹자 당시의 인성 논쟁

맹자의 인성론人性論을 이해하기 위하여 맹자 당시의 인성론을 한 번 살펴볼 필요가 있다. 당시의 맹자의 격렬한 비판의 대상이 되었던 고자告子(사적 미상)는 인성을 인간의 '자연적 사실'로서 보려 한 점이 특이하다.

맹자 이전에 이미 성에 대해 논하는 풍조가 있었음은 ≪논어≫를 통하여서도 엿볼 수 있다. 공자의 제자 자공子貢이 "선생님이 성과 천도에 대해서 말씀하시는 것을 거의 들을 수 없었다."(5-12)라고 한 말의 이면을 생각해 보면 당시의 공자가 성이나 천도를 말하지 않은 것이 오히려 제자들에게 기이하게 여겨졌다고 하는 것이 된다. 이렇게 보면 공자 당시 또는 자공의 시대에 이미 성이나 천도를 논하는 풍조가 있었음을 상상할 수 있다.

≪맹자≫ 〈11-6〉에 다음과 같은 글이 있다.

공도자公都子는 맹자에게 "고자는 '성이 선한 것도 없고 선하지 않은 것도 없다.'라고 하였고, 어떤 사람은 '성이 선하게 될 수도 있고 선하지 않게 될 수도 있다. 그렇기 때문에 문왕文王과 무왕武王이 천하의 왕이 되었을 때는 백성이 선을 좋아하였고, 유왕幽王과 여왕厲王이 천하의 왕이 되었을 때는 백성이 포악한 것을 좋아하였다.'라고 말하고, 또 어떤 사람은 '성이 선한 이도 있고 성이 선하지 않은 이도 있다. 그러므로 어진 요堯를 임금으로 하였으나 나쁜 아우로 상象이 있었고, 나쁜 고수瞽瞍를 아비로 하였으나 어진 아들로 순舜임금이 있었고, 주紂를 형의 아들로 하고, 또 임금으로 하였으나, 미자계微子啓와 왕자王子 비간比干이 있었다.'라고 말합니다. 그런데 선생님은 이제 성은 선하다고 말씀하시니, 그렇다면 그 사람들이 한 말은 다 그르다는 것입니까?"라고 물었다.

요임금

이는 맹자 문인 공도자가 맹자에 대하여 성의 선악善惡에 관하여 여러 학설을 들어 질문한 말인데, 이 가운데 맹자의 성선설을 포함하여 네 종류의 성론性論이 거론되고 있다. 그러므로 선진先秦의 고대에 있어서의 성의 선악에 관한 설은 여기서 순자荀子의 성악설까지 포함하여 다섯 종류의 성설이 있는 셈이 된다. 맹자·순자의 성설 이외의 세 종류에 대해 다음에 예비적으로 간략하게 살펴본다.

성性에는 선도 없고 불선도 없다는 설

이는 맹자 당시 그의 논적이었던 고자告子의 설로서 성에는 선도 없고 악도 없다는 것이다. 다시 말하면 성은 가치중립적인 것으로 백지상태라고 하는 것이다. 맹자와의 논쟁에 나타난 고자의 설을 보면,

> 성을 기류杞柳(버들 종류)에 비하면 의義는 배권桮棬(버들로 만든 그릇)에 비할 수 있습니다. 사람의 본성으로 인과 의를 행하는 것은 다치 버들(기류)을 가지고 버들 그릇(배권)을 만드는 것과 같습니다.
>
> ≪맹자≫ 〈11–1〉

> 성은 마치 빙빙 도는 물과 같습니다. 동쪽으로 물길을 트면 동으로 흐르고 서쪽으로 물길을 트면 서로 흐릅니다. 인성에 선과 불선의 구분이 없는 것은 마치 물에 동서의 구분이 없는 것과 같습니다.
>
> ≪맹자≫ 〈11–2〉

라고 말하고, 또

> 생긴 그대르〔生〕를 성이라고 합니다.
>
> ≪맹자≫ 〈11–3〉

라고 하였다. 그의 설에 의하면 사람의 타고난 그대로의 본성에는 선도 악도 없다는 것이다. 또,

> 식색食色이 성입니다. 그리고 인仁은 내심內心에 있는 것이지 외부에 있는 것이 아니며, 의義는 외부에 있는 것이지 내심에 있는 것이 아닙니다.
>
> ≪맹자≫ 〈11-4〉

라고 하였다. 위 글의 전반 부분인 "식색이 성입니다."라는 것은 고자가 타고난 본능인 식색의 욕망이 성의 중요한 부분이라고 생각하고 있었던 것을 나타낸다. 그리하여 그는 이러한 욕망은 인간의 자연적인 사실이므로 선과 악으로 규정할 수 없다고 생각한 것이다. 이와 같이 고자는 타고난 그대로의 본성은 선도 아니고 악도 아니라고 하였다.

위 글의 후반 부분의 "인은 내심에 있고 의는 외부에 있다.〔仁內義外〕"는 설은, 애정은 사람에게 내재하고 있으나 도덕은 내재하고 있지 않다는 주장으로서, 이러한 '도덕 외재설'은 성이 선도 아니고 악도 아니라는 사고방식과 관련이 있다고 보여진다. 다시 말하면 고자가 말하는 인은 선악으로서가 아니고 자기를 중심으로 밖으로 발산되는 '자연의 정'으로서 보았기 때문에 식색의 욕과 다르지 않는 것이며, 의는 도덕성으로서 의의 대상이 되는 것이 항상 나의 밖에 있으면서 자아를 외부로부터 제약하는 것이기 때문에 도덕성으로서의 의의 내재를 인정하지 않은 것이다.

결론적으로 말하여 고자는 선악이란 후천적인 것이고, 생득生

得의 성에 있어서는 백지상태로서 어디로 향할 것인가의 경향성을 가지지 않았다고 보았다. 그리고 또한 도덕의 근거는 인간 자신에게 생득의 성으로서 내재하지 않는다고 생각하였다.

이 고자의 설은 상식적으로는 이해하기 쉬운 성설이기는 하나 사람의 행위에는 분명히 선과 악이 있고, 그 선악이 전연 성에 근거하고 있지 않다고 생각하기에는 다소 납득하기 어려운 점이 있어서 그런지 그 후에 그의 성설을 계승한 자는 보이지 않는다.

성性에는 선도 있고 불선도 있다는 설

성에는 선도 있고, 악도 있다. 즉 각인의 성 가운데는 선악의 양 요소가 공존한다는 설로써 앞에 인용한 맹자의 문장 속에 '누가 말하기를(或曰)'이라고 인용되고 있는 것이다. 그 내용은 사람이 선을 행할 것인가 악을 행할 것인가는 모두 후천적인 경험이나 환경에 의해 정해진다고 하는 사고방식이다.

이 점에 있어서는 앞서의 '성무선무불선설性無善無不善說'과 같으나 '성유선유불선설性有善有不善說'에서는 생득의 성은 후천적인 선악의 어떤 경향을 본래 공유하고 있다고 하는 것이 다른 점이다. 두 경향이 공존하기 때문에 어떤 조건 아래에서는 선에의 경향이 현실화되어 선한 행위가 되어 나타나고, 또 어떤 조건 아래에서는 악에의 경향이 현실화되어 악한 행위가 되어 나타난다고 생각한 것이다.

이 '성유선유불선'의 견해는 '성무선무불선'의 설보다는 더 상식적으로 이해하기 쉽고, 따라서 이러한 설을 말한 사람은 그 후에도 계속 많이 있었다.

성性이 선한 사람과 성이 악한 사람이 있다는 설

성이 선한 사람과 성이 악한 사람 두 종류의 인간이 있다고 하는 설로, 앞의 설과 마찬가지로 ≪맹자≫ 중에 '누가 말하기를'로써 인용되고 있다.

그 기재된 바에 의하면 요임금과 같은 성천자聖天子의 시대에도 상象(순임금의 아우)과 같이 난폭한 자가 나타나고, 고수瞽瞍와 같이 우매하고 무도한 자를 아버지로 가지고도 순임금과 같은 성인이 태어나고, 주紂와 같이 잔악한 폭군 밑에서도 일족 중에 미자微子·비간比干과 같은 인자仁者가 나온다고 하는 데서 앞의 설과 같이 후천적인 경험이나 환경 여하에 의해 선인이 되느냐 악인이 되느냐가 결정된다고 하는 것과는 정반대의 사고방식이다.

즉 선인인가 악인인가는 태어날 때 이미 그 어느 쪽인가로 결정되어 있어서 어떠한 환경에서 생활하든 어떠한 경험을 쌓든 그 생애는 선인이나 악인임에 변함이 없다고 하는 것이다.

이 성설의 특색은 사람의 성은 똑같지 않다는 점, 선은 선, 악은 악으로 날 때부터 고정되어 변하지 않는다고 보는 점에 있다. 이 설 이외의 다른 성설은 맹자의 성선설, 순자의 성악설을 포함하여 모두 만인의 성은 같은 것으로 일단 취급하고, 그 다음에 그 선악을 논하며, 또 실제 선악의 실현에는 후천적인 경험이 얼마간의 작용을 미치는 것으로 생각하나 이 설은 이와 달리 약간 특이하다.

이와 같이 만인의 성을 똑같은 것으로 보지 않고, 성에 차등을 두는 것은 궁극적으로는 합리적이며 현실적인 생각이라고 할 수 있지만, 선악의 두 종류로 성을 대별해 버리는 것은 너무 단순하고, 또 선악을 각각 고정불변의 것으로 본다는 것은 분명 상식에 위배된다.

여기에서 성을 세 종류로 나누고, 또 앞의 '성유선유불선'설을 도입한 절충적인 성설이 나타났다. 그 대표적인 것이 당 한유韓愈의 '성삼품설性三品說'인데, 한유 이전부터도 성을 삼단계로 나눈 설이 이미 있었다.

이상으로써 보면 맹자 당시의 인간 이해는 대체로 그 시대를 반영하여 그야말로 백가쟁명百家爭鳴의 자유로우면서도 혼란된 인간관을 보여주고 있다. 특히 인성을 선하다고 한 맹자에 비해 볼 때 '도덕주체의식' 같은 것이 매우 희박함을 알 수 있다.

3. 맹자의 인성론人性論

앞에서 논술한 맹자 당시의 인성론과 대비하여 맹자의 인성론을 다음에 살펴보기로 한다.

성의 내용으로서 사단四端의 덕德

맹자는 성의 구체적 내용으로서 '사단四端'을 들었다.

옛날 성왕聖王은 불인인지심不忍人之心(차마 남에게 잔인하게 하지 못하는 마음이나, 또는 차마 남을 그냥 보지 못하는 동정심)이 있어서 남에게(백성에게) 잔인하게 하지 못하는 정치, 소위 불인인지정不忍人之政이 있게 되었다. 불인인지심으로 불인인지정을 행한다면 세상을 다스리는 일은 천하를 손바닥 위에서 움직이는 것처럼 쉬운 것이다.

그런데 사람이 누구나 다 남에게 대하여 불인인지심이 있다고 하는 것을 어떻게 알 수 있는가? 그 방법은 이러하다. 지금 어떤 사람이 어린 아이가 우물에 빠지려고 하는 것을 별안간 보았다고 하자. 그 때 그 사람은 놀라고 측은惻隱한 마음이 생겨 곧 가서 그 아이를 붙든다.

이런 행동은 그 아이의 부모에게 교제를 맺기 위한 것도 아니요, 동네 사람들과 벗들에게 칭찬을 받기 위한 것도 아니요, 또 그냥 내버려 두었다고 나중에 원망하는 말을 듣기 싫어서 그렇게 한 것도 아니다.

이런 것에 의해서 살펴보면 사람치고 측은지심惻隱之心이 없으면 사람이 아니요, 수오지심羞惡之心이 없으면 사람이 아

> 니요, 사양지심辭讓之心이 없으면 사람이 아니요, 시비지심是非之心이 없으면 사람이 아니다. 측은지심은 인仁의 단서요, 수오지심은 의義의 단서요, 사양지심은 예禮의 단서요, 시비지심은 지智의 단서이다.
>
> 대개 사람이 사단을 확충시킬 줄 알면 이것은 마치 불이 타서 번져 나가고〔火之始然〕, 샘물이 솟아서 흘러가는 것〔泉之始達〕과 같은데, 정말 이것을 잘 확충만 시킨다면 천하〔四海〕를 보존할 수가 있을 것이요, 만약에 이것을 확충시키지 못한다면 부모도 제대로 섬기지 못할 것이다.
>
> ≪맹자≫ 〈3-6〉

여기에서 성이란 말은 나오지 않지만 사단이 성의 내용이라고 말하고 있는 것은 분명하다. 또 맹자는 말을 바꾸어,

> 측은지심은 인이요, 수오지심은 의요, 공경지심은 예요, 시비지심은 지인데, 인·의·예·지는 밖에서부터 나에게 들어온 것이 아니라 내가 본래부터 지니고 있는 것이다. 다만 그것을 생각하지 아니하였을 뿐이다.
>
> ≪맹자≫ 〈11-6〉

라고 말하였다. 이에 의하면 측은·수오·사양·시비의 심이 바로 인·의·예·지가 된다. 즉 인·의·예·지라는 완전한 미덕이 생득生得의 성으로 갖추어져 있다고 생각한 것 같다. 그러나 엄밀히 말하면 이는 정확한 표현이라고는 할 수 없다. 맹자의 생각은 사단을 확충하면 인·의·예·지라고 하는 사덕四德으로 완성되는 것이므로 사

덕이 성으로서 갖추어져 있다고 한 것일 것이다. 그러므로 정확히 말하면 사단은 소질이라고 보아야 할 것이다.

또 맹자의 위의 사단四端 설명에서 인의 단서端緖로서의 측은지심만 자세히 설명하고 예·의·지 세 가지 단서에 대해서는 말하지 않았다. 인의 단서로서의 측은지심의 예는 우리가 상식적으로 이해하기 쉬운 점이 있어서 긍정이 가지만, 다른 단서의 예를 든다면 어떨지 알 수 없는 일이라 생각된다.

맹자의 논리에는 왕왕 비약이 있다고 생각되는데, 여기에서도 다소 그런 점을 느낄 수 있지만, 맹자에게서 오늘날과 같은 논리적 치밀함을 요구하는 것은 무리일 것 같다. 왜냐하면 맹자는 이론이 문제가 아니라 성이 선하다는 것을 주장하려는 실천적 요구에 따라 논의를 하고 있기 때문이다.

또 맹자는 사람에게 '양지良知', '양능良能'이 있다고 말한다. '양良'이란 나면서부터 가지고 있는 좋은 것이란 뜻이다. 즉 "배우지 않고서도 능한 것이 양능이고, 생각해 보지 않고서도 아는 것이 양지이다."(≪맹자≫ 〈13-15〉)라는 것이다.

이 양지·양능에 의해 사람은 어릴 때부터 육친을 사랑하고 연장자를 공경할 줄 안다고 한다. 맹자는 이것을 또 '양심良心', '본심本心'이라고도 불렀는데, 내용은 사단과 역시 같은 것이다(≪맹자≫ 〈11-8·10〉).

이와 같이 사단·양능·양지·양심·본심이라고 부르는 '좋은 소질'이 모든 사람들에게 갖추어져 있으므로 맹자는 인성은 선하다고 한 것이다.

선의 실현과 악의 근원

그런데 맹자는 "대저 사람이란 자기의 정情에 따르기만 하면 선해질 수 있는 것이다. 이것이 소위 성선이다."(≪맹자≫ 〈11-6〉)라고 말하고 있다. 이는 거꾸로 말하면 성은 선하고, 즉 사단·양능·양지 등의 좋은 소질이 갖추어져 있기 때문에 거기에 따르면 선행위가 실현 가능하다는 것이다. 그리하여 사람이 그 성에 의하여 선을 행하는 것은 물이 그 본성에 따라 낮은 곳으로 흐르는 것과 같이 필연적이다.

그런데 사단의 설명에는 "불이 처음 탈 때는 작으나 그 불씨가 큰 불이 되는 것과 같고 작은 샘물이 흘러나와 나중에 강과 바다에 이르는 것과 같다.'고 한 것과 같이 '확충'을 기다려 비로소 완성되는 것이고, 사람이 성으로서 갖추고 있는 것은 선에의 소질이고, 성 그것이 완전히 선이라는 것은 아니다. 확충하지 않으면 "부모마저 잘 섬길 수 없다."는 것이다.

또 맹자는 '존심存心'이라는 말을 자주 입에 올리는데, 존심이란 '본심本心'을 잃지 않게 보존한다는 뜻이다. 맹자는 본심을 잃으면 금수와 같이 되고, 학문이란 다른 것이 아니라 '방심放心'을 구하는 것이라고 말하고 있다.

또 존심하는 법으로 '과욕寡欲'이라든가 '지언知言'이라든가 '양기養氣'라든가 하는 여러 가지 방법을 제시하고 있다(≪맹자≫ 〈3-2〉). 이것은 결국 '좋은 소질'을 그대로 가지고 있는 것만으로는 '좋게' 완성되지 않고 '선'이 실현되지 않는다는 뜻이다.

그러나 맹자는 "만일 불선을 행한다 해도 그것은 '재才'의 잘못이 아니다."(≪맹자≫ 〈11-6〉)라고 하여 악의 근원은 '재'에 있지 않다고 한다. 맹자의 설을 유추해 보면 정情이란 성性이 나타난 것, '재'란 사람에게 성으로서 갖추어져 있는 '재질'이나 또는 기능·소질을 의미하므로, 결국 악의 근원은 성에 있지 않다는 것이 된다.

그러므로 기본적으로 '본심'을 잃는 데 악의 근원이 있다. 이 본심을 잃는 원인으로서는 여러 가지가 있겠으나 먼저 본심을 보존하고 기르는 데 노력을 태만히 하거나, 욕심이 많거나, 또 오관五官의 감각에 뿌리를 둔 욕망이 외물에 이끌려지거나 하기 때문이다.

이러한 여러 원인이 본심을 잃게 하는 원인이 되나 본심은 한편으로 생장력·회복력이 있기 때문에 단순히 이러한 원인만으로 한 번만에 상실되어 버리는 것은 아니다. 그러나 이런 일이 계속 반복되면 결국 회복력의 한계를 넘게 되어 본심은 전혀 없어지고 만다는 것이다.

성과 욕망과의 관계

그런데 이와 같이 다욕多欲이나 오관의 욕망이나 외물에의 유인이 본심 상실의 원인이라고 하면 '욕망'은 당연히 '본심'과 별개의 것이 되지 않으면 안 된다. 사실 맹자는 욕망의 근원인 이목耳目 등의 오관과 사려思慮의 능력을 가진 심心의 기관과는 구별한다.

그리하여 오관은 사려의 능력을 갖지 않은 까닭에 욕망이 외물에 유인되는 것이므로 심에 있어서 성을 인정하고 이목 등은 성에서 분리된 형식으로 성선을 생각한 것임에 틀림없다. 그러나 욕망과 성에 관한 맹자의 생각에는 실로 매우 미묘한 점이 있다.

맹자는 모든 사람의 입·귀·눈이 똑같이 좋은 맛·좋은 소리·좋은 빛깔을 좋아함을 근거로 하여 모든 사람의 심心이 똑같이 이의理義(올바른 도, 즉 선)를 긍정한다는 것을 논한 말이 있는데(≪맹자≫ 〈11-7〉), 그 가운데서 "만약 우리들 미각이 각각 달라 동류가 아닌 사람과 동물처럼 차이가 있다면……"이라고 한 말이 있다(≪맹자≫ 〈11-7〉). 이것을 보면 입이 좋은 맛을 좋아하는 욕망도 성이라고 보고 있는 것 같이 생각된다. 그런데 또 다음과 같은 말도 있다.

> 체모體貌와 안색顔色의 자연스러운 것은 천성天性인데, 오직 성인聖人이라야 자연스러운 그대로 해나갈 수 있다.
>
> ≪맹자≫ 〈13-38〉

> 입이 좋은 맛을, 눈이 좋은 빛깔을, 귀가 좋은 소리를, 코가 좋은 냄새를, 사지육체가 편안함을 바라는 것은 사람의 본성이기는 하나 여기에는 자기 마음대로 안 되는 천명이 있으므로 군자는 이런 것을 본성이라고 하지 않는다. 그런데 부자간에 베풀어지는 인仁과 군신간에 지켜지는 의義와 주객간主客間에 행해지는 예禮와 현자賢者에게 발현되는 지智와 성인聖人에게 실현되는 천도天道는 마음대로 안 되는 운명이

> 기는 하나 여기에는 사람의 본성이 관여되어 있으므로 군자는 이런 것을 또한 마음대로 안 되는 운명이라고 해버리지는 않는다.
>
> ≪맹자≫ 〈14-24〉

이 두 장의 의미는 분명히 이해되지 않는 점도 있으나 대략 다음과 같이 이해된다. 즉 사람의 신체와 거기에 근본한 색욕은 하늘로부터(선천적으로) 얻은 성이다. 그러나 성인이어야 비로소 자기 몸을 바르게 가질 수 있다. 또 '입·눈·귀·코와 수족'이 각각 좋은 미색성취味色聲臭나 편안함을 좋아하는 욕망은 성이다. 다만 천명天命(천의 도덕적 명령)이라고 하는 것이 있기 때문에 군자는 이것을 성이라고 하지 않는다.

다시 말하면 천명에 의해 욕망을 억제하지 않으면 안 되는 면이 있기 때문에 군자는 욕망이 생래적인 성이라고 하여 그것을 욕망대로 펴려고 하지 않는다는 것이다. 그리고 부자간의 인仁, 군신간의 의義, 주객간의 예禮, 현자에 있어서의 지智, 성인에 있어서의 천도는 모두 천명에 의해 성립되는 것이나 사람에게 성으로서 갖추어져 있는 면이 있기 때문에 군자는 이것을 천명이라고 해버리지 않는다. 다시 말하면 인의예지나 천도를 성으로서 고유한 것으로 생각하여 그 완성에 노력한다.-이런 의미로 이해된다.

물론 오관五官의 욕망도 성인 것이다. 성이지만 성이라고 말하지 않는 데 매우 어려운 점이 있는데, 그것은 욕망이 악과 연관되는 면이 있기 때문에 욕망을 성에 포함시키면 성은 선이라고 말할 수 없게 되는 것이다. 그렇게 보면 맹자는 결국 욕망을 성에서 제외시켜 사단·양지·양능·양심 등이라고 불리는 '선의 근원'만을 성으로 보아 '성선'이라고 입언立言한 것이라 할 수 있다.

윤리주체의 강조

이상에서 본 바와 같이 맹자의 성선설에 있어서 악에 연관되는 욕망이 성으로서 존재하는 것을 인정하면서도 일부러 그것을 제외시켜, 선에 연관되는 면만을 들어 성은 선하다고 한 것임을 알 수 있다.

그러나 선이라고 한 성은 완전히 선한 것이 아니고, '확충擴充' 등의 노력을 기다려 비로소 선이 실현되는, 선의 맹아萌芽로서 존재하고 있는데 지나지 않는다. 결국 맹자는 '선에의 경향성'이 사람의 성 가운데 존재한다는 사실을 인정, 그것을 '성선'이라고 말한 것이다.

맹모단기孟母斷機, 맹모삼천孟母三遷 비석

맹자는 성이 선하다고 관련되는 주장을 많이 하고 있지만, 왜 성이 선하다고 말할 수 있는가에 대해서는 논증이 불충분하다. 이런 의미에서 맹자의 성선설은 객관적으로 보아 불충분하다고 할 수 있다. 그러나 맹자는 '사람의 성은 선하다.'라고 하는 신념은 매우 강해서 그러한 주장의 태도는 매우 격렬하다.

맹자 자신이 자기의 성선설의 내용이나 그 입언의 방식이 불완전함을 의식하고 있었는지는 알 수 없지만 맹자에 있어서 그 문제는 처음부터 일차적으로 중요한 문제가 아니었다. 맹자는 사람의 성에 대해서 냉정하게 정밀한 고찰을 가해서 성에 관한 완전한 학설을 수립하려고 한 것이 목적이 아니었다.

먼저 성이 선하다는 신념이 있고, 그런 다음에 그런 주장을 할 필요가 있었다고 생각된다. 더 소급해서 말하자면 맹자에게는 성에 관한 관심보다도 먼저 자기의 인격완성과 사회·정치적 상황 개선에 대한 실천적 관심이 더 있었던 것이다. 그 위에 공자 이래의 '도덕주의'의 입장이 맹자 사고의 근저에 있었다.

맹자의 성선설은 공자 사상과의 연계선상에 있다. 즉 공자의 충서忠恕의 법을 정초定礎하기 위해서 맹자는 성선설을 주창했다고도 말할 수 있다. 공자는 인을 완성하기 위하여 충서의 법을 가르쳤는데, 맹자 역시 이 설을 계승하여 "서恕를 행하는 것이 인을 구하는 데 더 가까운 것이 없다."라고 하였다(≪맹자≫ 〈13-4〉).

맹자에 의하면 악은 외물에 의해 욕망이 유인될 때 생기는 것이기 때문에 심의 본성이 아니다. 심의 본성에는 선악을 판단하는 양지와 악을 버리고 선을 따르려고 하는 양능이 구비되어 있다. 그러므로 사람은 스스로 반성에 의해 선악을 직각할 수 있고, 그 직각한 바를 미루어 나가 인을 완성하는 일이 가능해지는데, 이것이 충서의 방법이다.

그러므로 맹자는 공자의 충서의 방법을 정초하기 위해서 성선설을 주창한 것이다. 여기에 공자의 중요한 도덕주의의 입장이 계승되고 있는 것이다.

맹자는 그 도덕주의에 기초하여 자기의 인격적 수양, 즉 인의예지 등 여러 덕의 완성에 노력하며, 대인관계에 있어서는 도덕적 선의 실천에 노력하고, 더 나아가 도덕이 이 세상에서 확립되어지기를 염원하면서 그 실현에 정열을 경주하였던 것이다.

그리하여 그것이 가능하기 위해서는 사람의 성이 선하지 않으면 안 되었고, 또 그것을 가능하게 하기 위해서는 모든 사람의 성이 선하다는 것을 세상 사람들을 향하여 말하지 않으면 안 되었던 것이다.

그러므로 맹자의 성선설은 이와 같이 그의 이상 실현을 위한 불가결의 요건으로서 말해진 것이라고 할 수 있다. 그러므로 맹자에게 있어서 이상의 구현자로서의 '성인'이 묘사되는 것도 이러한 맥락이다.

맹자의 성선설은 이와 같이 자기수양이나 사회개선의 이상실현을 위하여 세워졌다. 따라서 그것은 철학적 이론으로서 형성된 학설이라기보다 실천적 입장에서 그렇지 않으면 안 된다고 하여 세워진 '신념'이었다고 말할 수 있다.

그러므로 앞에서 인용한 것처럼 그의 '사단'의 설도 선왕의 '불인인지정(불인인지심不忍人之心으로 행하는 애민정치愛民政治)'이나 '보사해保四海(천하를 잘 다스려 보호하는 것)'의 근거로서 말해진 것이다.

또 고자告子와의 논쟁에 있어서도 고자가 성을 버들에 비유한 것에 반박한 후에 "천하 사람을 거느리고 인의를 해칠 자는 반드시 그대의 말일 것이다."(≪맹자≫ 〈11-1〉)라고 그를 맹렬히 비난하였다.

객관적으로 볼 때 고자의 설이 특별히 도덕을 해치는 것으로는 생각되지 않는데도 그를 그처럼 심하게 비난한 것은 역시 앞에서 말한 바와 같이 그의 도덕실천자로서의 입장이 그렇게 만든 것으로 보여진다.

다시 말하면 맹자에게는 고자와 같은 객관적 방관자의 입장이 참을 수 없었기 때문에 그를 도덕 파괴자로 지목하게 된 것이다.

이렇게 보면 맹자의 성선설은 도덕 실천 주체자의 주관적 의도, 즉 신념이 많이 반영되고 있는 도덕적 입론으로서 윤리학적으로 볼 때 '가치명제'로서의 성격의 일단을 여실히 볼 수 있는 것이다.

4. 맹자의 정치사회관과 성명관性命觀

맹자는 사람에게는 선천적으로 도덕심이 있어서 이것을 직각直覺하여 실천하는 것이 인간의 도라고 믿었던 사람으로 정치도 역시 이 도덕에 바탕을 두어야 한다고 생각하였다. 또한 맹자의 성선설은 공자의 천명설을 개조하여 만들었다고 할 정도로 그 연계성이 강하다.

즉 공자의 천명은 주관적으로 말하면 인간 마음속에 갖추어진 도덕심을 말하나 객관적으로 말하면 우리가 봉착하는 운명도 의미하는데, 맹자는 공자의 명命을 나누어 '인간 도덕심'을 말할 때는 성性이라 하고, '운명'을 나타낼 때는 명命이라고 하였다.

정치사회관

맹자는 양묵楊墨을 배척하고 공자의 문도로서 자임하였다. 공자는 원래 주周의 봉건제도封建制度와 예(문화)를 지지하였으므로 이러한 봉건제도와 예를 타파하고 강력한 군주권의 수립을 추구한 패자나 아니면 예(문화)의 세계 또는 군신 관계에서 탈락한 은자隱者나 일민逸民들을 예를 문란시키고 인륜을 어지럽히는 자로 배척하였다. 묵자墨子는 형법사상에 있어 패자와 상통되는 점이 있었고, 양주楊朱는 은자나 일민에 통하는 점이 있었기 때문에 맹자는 공자의 입장을 계승하여 유가儒家로 자임하면서 그들을 비판하였던 것이다(≪맹자≫ 〈5-5〉, 〈11-26〉).

그러나 공자 시대에 이미 주의 봉건제도나 예를 유지하는 것이 곤란하여졌다. 그렇기 때문에 맹자보다 약간 시대가 앞서는 상앙商鞅에 의해 변법(제도 개혁)이 이미 행하여지기 시작하여 주 이래의 봉건제도에서 군현제郡縣制로 점차 변화되어 갔던 것이다.

그러나 맹자는 상앙의 변법과는 달리 주의 봉건제도를 지지하였다. 그리하여 그의 혁명설〔방벌설放伐說〕·정전법井田法·효제孝悌의 도·성선설 등이 맹자의 이러한 정치사회관과 매우 밀접한 관련을 갖고 있다.

그리하여 그의 성선설은 제후·대부 등 일족을 배후에 가지고 있는 봉건세력에게 필요한 도덕의 가능근거를 제시하고 군주의 교화의 필요성을 아울러 분명히 한 것이라면, 혁명설은 봉건세력이 왕(군주)에 대하여 그를 비판하고 제약하는 주체성·독립성을 그들에게 인정해 준 것이며, 또 정전법井田法은 이러한 봉건세력의 경제적 기초를 안정시키려는 계획이었다고 할 수 있다.

즉 맹자는 봉건제도상에서 왕(군주)의 밑에 있으면서 일정한 독립성을 가진 제후·대부 등의 봉건세력을 인정하는 형식으로 주의 봉건제도를 지지하는 입장이었으며, 또한 이 제후·대부 등의 봉건세력을 대변하는 자였다고 할 수 있다.

그러나 그가 지지한 봉건적 종법宗法 체제를 넘어 새로운 체제가 진전되고 있었던 전국戰國 중기에 있어서는 종법 체제를 유지하고 왕도를 실현하려는 것은 실로 불가능한 일이었다. 그러므로 그의 주장은 현실사회에서의 실현이 불가능하였고 정치적 효과도 사실 거둘 수 없었다.

이와 같은 상황에서 맹자는 그가 유지하고자 했던 종법 체제 위에서 실현해야 할 왕도를 '관념상'에서 '고대'에서, 또한 그 가능근거를 '인간의 근저'에서, 더 나아가 그 근원이 되는 '천天'에서 구하게 되지 않을 수 없었다. 그가 왕도王道를 주 문왕에서 또 삼대三代의 성왕에서 더 나아가 요순에서 구하고, 요순의 도라는 도통에 집착한 것도 그 때문이다. 그리하여 이러한 그의 태도는 인간 본성의 탐구에 있어서도 인간의 성이 천과 관련되고 유래된 것으로 파악하게 한 것으로 보여진다.

그리하여 그는 유가로서 정치와 교육, 권세와 도덕을 불가분의 것으로 보면서도 정치보다는 교육을 중시하였으며, 현실사회에서 발휘되어야 할 정치적 효과나 권위보다 도덕적 효과나 가치를 더 중시하였다.

또 수기치인修己治人, 즉 인격주의에서는 유가로서 사회적인 것보다는 자기를, 외적인 것보다는 내적인 것을 중요시하였다. 따라서 인간적·후천적인 것보다는 인간의 근저에 있는 것으로 생각한 천부적인 것, 선천적인 것을 중시하려고 하였다.

양혜왕을 만나는 맹자

맹자는 사람에게 선천적으로 도덕성이 있어서 이것을 직각하여 실천하는 것이 인간의 도라고 믿었으므로 정치도 역시 이 도덕에 바탕을 두어야 한다고 생각하였다. 그러므로 그는 위정자의 심성 도야가 중요하다고 보아 양혜왕梁惠王을 만났을 때에도 이익〔利〕을 버리고 인의仁義를 따라야 한다고 했으며(≪맹자≫ 〈1-1〉), 제환진문齊桓晉文(제나라 환공, 진나라 문공)의 패도覇道(힘으로 하는 정치)를 배격하고 왕도王道를 누누이 강조하였다(≪맹자≫ 〈1-7〉). 더 나아가 구체적으로 왕도의 시행 내용까지 언급하였다. 즉 정전법·학교 제도·조세법·여민

동락與民同樂 등을 제시하였다. 그의 이러한 정치론은 물론 당시의 상황에서 볼 때 매우 비현실적이었지만, 정치철학으로서 볼 때 그의 이러한 이상주의적 정치 이념은 그 후 동양 정치사상사에 큰 영향을 미쳤다.

성명관性命觀

위에서 말한 바와 같이 맹자의 성선설은 넓은 의미에서 그의 정치론의 요청에서 나온 것임은 부인할 수 없다. 그의 정치론이란 소위 '왕도정치'로서 덕치에 의한 정치를 중심으로 하고 있다. 그런데 왕도정치는 사람의 성이 선하다는 것을 전제로 해야만 성립하기 때문에 여기서 성선설이 요청되기에 이른 것이다. 특히 중국의 사상가는 넓은 의미에서 소위 정치의 문제에 밀착하면서 제반문제를 논하기 때문에 이러한 관련성을 인정하지 않을 수 없다.

그런데 이것을 다른 관점에서 살펴보면 맹자의 성선설은 그의 '철학적 세계관'의 논리적 발전으로서 나타난 것이라고도 볼 수 있다. 이 측면에서의 관찰은 정치론적 관찰과 상호 보완 관계를 이루는 것이다. 그러나 무엇보다 가장 중요하고 근원적인 것은 그의 세계관이다. 그렇다면 맹자의 성선설의 근거가 된 세계관은 과연 무엇인가. 그것은 물론 그의 '천天'에 대한 사고방식으로서 소위 '범신론적 세계관'이라고 할 수 있다.

맹자가 말하기를,

자기의 마음, 즉 사단四端의 심정을 완전 발현하면 성이 선하다는 것을 알게 되고, 성이 선하다는 것을 알아야 이것이 천부적인 것이라는 것을 직각할 수 있다. 자기의 마음을 보존하여 자기의 성을 기르는 것이 천을 섬기는 방법이다.

≪맹자≫ 〈13-1〉

라고 하여 '심心·성性·천天' 삼자가 연속적 관계에 놓이도록 하고 있다. 즉 천이 인간에 내재하는 것이 성이고, 성을 간직하고 있는 것이 심이다. 다시 말하면 성이란 나의 심에 간직되어 있는 천 이외의 다른 것이 아니다. 그러므로 만약 천이 최고의 선이라고 한다면 나의 심에 있는 천, 즉 성도 선하지 않을 수 없게 된다. 이렇게 보면 성선설은 그의 천도관天道觀으로부터의 필연적 귀결이라고 할 수 있다.

그 천도관, 즉 범신론적 세계관이 이 성선설과 결합되어 있음은 맹자가 최고의 덕의 하나로 보는 '성誠'의 설명에도 잘 나타나 있다.

만물의 이치는 다 나에게 갖추어져 있다. 자신을 반성하여 성실[誠]히 해나가면 즐거움이 이보다 더 큰 것이 없다. 자신의 마음을 미루어 남을 헤아려 나가는 일[恕]에 힘쓴다면 인을 구하는 일이 이보다 더 가까운 것이 없다.

≪맹자≫ 〈13-4〉

자신을 성실[誠]하게 하는 데는 방법이 있으니, 그것은 선善에 밝지 아니하면 자신을 성실하게 하지 못할 것이다.

> 이런 까닭으로 성실〔誠〕 그 자체는 천도天道요, 성실해지기를 생각하는 것〔思誠〕은 인도人道이다.
>
> ≪맹자≫ 〈7-12〉

앞의 인용문에서 성性과 서恕가 대칭적으로 사용되고 있는 것은 ≪논어≫에서 '충서'라고 말한 것과 같은 의미로 성은 곧 충의 의미이다. 따라서 성이란 스스로 자기 마음을 내성內省하여 거짓이 없는 것을 말한다.

맹자는 인간 도덕의 법칙은 모두 나의 주관에 갖추어져 있다고 생각하고 있으므로 사람은 스스로 반성하여 성실함〔誠〕으로써 선악을 직각할 수 있다고 믿었던 것이다. 그리하여 이 도덕성은 천에서 부여된 것이므로 천이 나의 몸에 깃드는 인간에 있어서는 진실로 만물이 내 몸에 갖추어져 있다고 하는 사실이 실감되고, 그리하여 천의 도인 '성誠'이 나의 몸에 있음을 즐거워한다는 의미이다. 이와 같이 맹자에 있어서의 도덕성의 자각이란 자기 속에 있는 천을 의식하는 것이었다.

맹자의 경우 성과 명은 구별되고 있고, 명이라고 하는 경우 항상 '운명'을 의미하고 있다고 보아도 좋다.

> 군자가 좋은 사업(나라를 창업하는 일 같은 것)을 일으켜 그 실마리가 뻗어나가면 자손이 그 뒤를 계승해 나간다. 그러나 성공 여부는 천명에 달려 있다.
>
> ≪맹자≫ 〈2-14〉

> 가는 데도 그 무엇이 가도록 하여 주어 그렇게 되는 것이

고, 그만두게 하는데도 그 무엇이 그만두게 하여서 그렇게 되는 것이다. 그러니 가게 하고 그만두게 하는 것은 사람의 능력으로 어찌할 수 없는 것이다.

내가 노후魯侯(노나라 임금)를 만나지 못하게 된 것은 천명이다. 장씨臧氏 집 자식이 어찌 나로 하여금 만나지 못하도록 만들 수 있겠느냐.

≪맹자≫ 〈2–14〉

순舜·우禹와 익益이 그들 임금을 보좌한 햇수의 오래고 짧음과 임금의 아들이 잘나고 못난 것은 다 천명이라 사람의 힘으로는 어찌할 수 없는 일이다. 하려고 하지 않아도 그렇게 되는 것은 천명이요, 부르려고 하지 않아도 저절로 닥쳐오는 것은 명命이다.

≪맹자≫ 〈8–6〉

여기에서 천명 또는 명이라고 하는 것은 인위人爲를 넘어선 것으로 '운명'을 의미하고 있는 것이다. 이 운명은 인간의 도덕성의 근원인 성과 달리 인간의 의지로 어떻게 좌우할 수 없는 것으로 맹자는 이것을 성은 재아자在我者로 명은 재외자在外者로 구분하여 설명하고 있다.

구하면 얻고 놓으면 잃어버린다. 여기서 구하는 것은 얻으면 유익한 것이니, 그것은 내게 있는 것[在我者], 즉 도덕심을 구하기 때문이다. 반면에 구하는 데 방법이 있고 얻는 데는 명이 있는 경우 여기서 구하는 것은 얻어도 무익한 것이

> 니, 그것은 밖에 있는 것〔在外者〕, 즉 부귀영화 같은 것을 구하기 때문이다.
>
> ≪맹자≫ 〈13–3〉

인의의 덕은 내 몸에 내재하는 것이기 때문에 획득 여부가 나의 의지의 자유에 의해 결정되는 데 반해, 작록爵祿(벼슬)과 같은 것은 그것을 구하는 데 도가 없는 것은 아니나 그 획득 여부가 명에 의해 지배되는 것이기 때문에 그것을 추구하는 것이 무익하다는 뜻이다. 그 차이는 맹자에 의하면 성은 인간에 내재하여 의지에 따르는 것인데 반하여 명은 인간의 밖에 외재하여 의지로써 좌우할 수 없기 때문이라고 한다.

이 명命이 어떠한 것인가는 맹자가 이러한 인위人爲를 초월한 명에 직면한 경우 어떠한 태도를 취하는가를 살펴봄으로써 더욱 분명해진다.

> 사람이 요수夭壽(요절장수夭折長壽)에 의심을 두지 않고 자신의 덕을 닦아서 천명을 기다리는 것〔修身以俟之〕이 천명에 순종하는 방법이다〔立命〕.
>
> ≪맹자≫ 〈13–1〉

> 요임금 순임금은 본성대로 하고, 탕왕湯王과 무왕武王은 본성을 회복하였다. 그들의 기거동작起居動作이 자연스럽게 예에 적중되는 것은 덕의 극치이다. 그들이 죽은 사람을 곡하며 슬퍼하는 것은 산 사람을 위한 것이 아니며, 덕을 행하여 어기지 않는 것은 작록을 구하기 위한 것이 아니며, 말

> 을 하여 반드시 믿음이 있는 것은 행실을 꼭 바르게 하기 위한 것이 아니다. 그것은 자기 본성대로 한 것이니, 그러므로 군자는 이것을 표준삼아 행하고 명(천명)을 기다릴 뿐이다〔行法以俟命〕.
>
> ≪맹자≫ 〈14-33〉

위 인용에서의 '수신이사지修身以俟之', '행법이사명行法以俟命'이라고 하는 것이 맹자의 운명에 대한 최후의 태도로서 소위 인사人事를 다하고 천명을 기다린다고 하는 유가 일반의 운명관의 선하를 이루는 것이다. 유가의 운명관은 개인적인 차이는 조금씩 있지만 근본에 있어서 맹자의 이 입장을 벗어나지 않는다.

동시에 여기서 주목해야 할 것은 맹자가 몸을 운명에 맡긴다는 뜻의 소위 '입명立命'(≪맹자≫ 〈13-1〉)이라고 하는 일종의 종교적 경지에 대해 말하고 있는 점이다. 여기에 대한 주자朱子의 주는 "요수夭壽는 명이 짧거나 긴 것이다. '이貳'는 의심하는 것이다. '의심하지 않는다.'는 것은 하늘의 지극한 이치를 알고 몸을 닦아서 죽음을 기다린다는 것이니, 곧 하늘을 섬기면서 생을 마치는 것이다. '입명'은 하늘이 준 것 즉 본성을 온전히 하여 사람으로서의 조건 즉 욕망에 의해 해가 거기에 미치지 않도록 하는 것이다."라고 말하고 있는데, 이는 맹자의 본의를 얻은 것이다.

천이 인간에게 부여하는 명에는 두 종류가 있는데, 그 중 하나는 도덕성으로서 인간에 내재하는 것이다. 이 도덕성을 실현하는 것이 천으로부터 받은 인간의 사명이다.

그러나 도덕성을 완성하였다고 하더라도 그것으로 천의 명이 끝났다고는 할 수 없다. 왜냐하면 또 하나의 명이 남아 있기 때문이다. 그것은 '요수의 명', 즉 '생사의 운명'이다. 이와 같은 명에 대한 경우, 그것은 인간의 밖에 있고 인간을 지배하는 것이기 때문에 인위人爲는 공허한 것이 된다. 그러므로 남는 것은 오로지 일체를 버리고 운명에 몸을 맡기는 것 뿐이다. 이 경지가 소위 '입명'이다. 이 입명의 경지에 이를 때 거기에는 자기를 버리고 천에 몸을 맡기는 자만이 체험하는 '안심安心'이 있을 것이다. 이와 같은 것은 종교적 경지라고 말해도 괜찮을 것이다. 이러한 관점은 도가, 즉 노장의 입장과 동일하다.

맹자묘

그러나 맹자는 성과 명을 논하면서 '이목의 관〔耳目之官〕'이 향락을 바라는 것은 인간의 성에 속하지만 이 쾌락의 대상 획득 여부는 운명에 의해 좌우되는 경우가 적지 않으므로 군자는 이것이 본래는 성에 속한다는 것을 알면서도 그것이 성이 된다고 말하지 않는다 하고, 또 인의예지의 실현이나 성인의 왕도에 의한 천하 통치에 운명의 요소가 다분히 작용하고 있기 때문에 그것을 명에 속한다고 할 수 있지만, 그 본질적인 면에서 보면 인의예지의 덕은 인간의 성에 내재하기 때문에 비록 실현이 명에 의해 좌우된다고 하더라도 그것을 명이라고 부르지 않는다고 한다(≪맹자≫ 〈14-24〉).

원래 성과 명은 다 천에서 부여된 것으로 근원에 있어 동일한 것임에도 현실에 있어서는 양자가 서로 용납되지 않고 대립되어 나타나는 일이 적지 않다. 이 성과 명의 대립을 명확히 최초로 인식한 사람이 맹자라고 할 수 있다.

공자의 천명은 천에서 부여된 것이라는 의미로서 주관적으로는 우리들 인간의 마음속에 선천적으로 타고난 도덕심을 의미하나 객관적으로는 우리들이 봉착하는 운명도 의미한다.

맹자는 공자의 이 명을 나누어 두개의 개념으로 구별하였다. 즉 주관적 방면 즉 천명의 의미를 나타낼 때는 성이라는 글자를 쓰고, 객관적 방면, 즉 운명을 나타낼 때는 명이라는 글자를 썼다. 따라서 맹자의 성은 공자의 명을 약간 국한시킨 것이다. 공자가 "명을 알지 못하면 군자가 될 수 없다."라고 한 경우(≪논어≫ 〈20-3〉)의 명은 도덕심을 의미하나, 자기의 뜻대로 되지 않았을 때 탄식하여 "명이로다!"라고 한 경우(≪논어≫ 여러 곳에서 보인다)에는 운명을 의미한다. 그러므로 맹자의 성선설과 운명관은 공자의 천명사상天命思想을 계승하여 체계화한 것이라고 할 수 있다. 여기서도 맹자의 성선설은 공자의 천명사상을 계승한 그의 성명관性命觀과 상호 연관되어 있음을 알 수 있다.

5. 순자의 성악설과 그 배경

성性과 위僞

맹자의 성선설에 반대하여 제창된 것이 순자荀子의 성악설性惡說이었다. ≪순자≫ 〈성악편〉에 다음과 같은 말이 있다.

> 인간의 타고난 그대로의 본성은 악한 것이고, 그것이 선함은 후천적인 교정, 즉 위僞에 의한 것이다. 그런데 인간의 본성에는 나면서부터 이익을 추구하는 경향이 있다. 그것을 그대로 해 나가면 타인과 쟁탈하게 되어 사양함이 없게 된다. 또 사람은 나면서부터 질투하거나 미워하는 성향이 있다. 그것을 그대로 해 나가면 타인을 해치게 되어 성의와 신뢰가 없어진다. 또 사람에게는 날 때부터 아름다운 것을 보고 듣고 하고 싶은 감각적 욕망이 있다. 그것을 그대로 해 나가면 무절제하여 방종이 되어 예의나 도리道理를 잃고 만다. 그러므로 인간의 타고난 그대로의 성질에 따라 감정이 가는 대로 행동한다면 반드시 서로 쟁탈하게 되어 세상의 규범이나 도리를 파괴하고 마침내는 세계 전체를 혼란에 몰아넣고 마는 것이다. 여기에서 인간은 반드시 선생에게 가르침을 받은 규범이나 예의를 지키는 교화지도敎化之道가 있어서 비로소 서로 사양하여 규범이나 도리에 맞게 되어 결국 세계 전

체가 평화롭게 다스려지는 것이다. 이러한 관점에서 보면 인간의 타고난 그대로의 본성은 악한 것임이 명백하다. 선한 것은 후천적인 교정에 의한 것이다.

여기서 순자가 말하는 '위僞'는 인위를 말하는데, 후천적 교정(교육·학문·수양 등)으로서 사람의 성은 본래는 악하지만 이 인위적 노력에 의해 선이 생긴다는 것이다.

순자

순자의 입론은 꽤 정밀성이 보인다. 그는 인성을 논하면서 성性·선善·악惡 등의 개념규정에서 시작하고 있다. 순자에 의하면 성性은 위僞에 대한 반대 개념이다. 그에 의하면 성性은 말하자면 날 때부터 자연적으로 사람에게 갖추어져 있는 것으로 노력해서 얻어지는 것이 아니고, 위僞는 어떠한 노력의 결과 사람이 획득하는 것을 말한다.

또 그는 선이란 '정리평치正理平治이고 악이란 편험패란偏險悖亂이라고 한다. 결국 선은 세상이 올바른 도에 맞아 평화스럽게 다스려지는 것, 악은 세상이 도를 떠나 문란하게 되는 것을 말한다. 그리하여 사람의 성은 악하여 인위를 가하지 않으면 '정리평치'에 이르지 않고, 반드시 '편험패란'이라는 결과를 낳는다는 것이다.

그리하여 순자는 위, 즉 인위를 매우 중요시한다. 위 중에서도 가장 중요한 것은 예, 즉 예의(사회적 규범)라고 한다. ≪순자≫ 속에 〈권학勸學〉·〈수신修身〉두 편이 있는데, 거기에서 그는 학문·수양의 중요성을 강조하고 있지만 가장 중요한 문제로 취급되고 있는 것은 역시 예이다. 그는 "학문은 예에 이르러 그친다. 이것을 도덕의 극치라고 말한다."라고까지 말하고 있다. 순자에 의하면 사람의 성은 악하여 그대로 방치하면 세상이 혼란에 빠지기 때문에 이것을 방지하기 위하여 성인聖人이 예의를 정하여 사람들로 하여금 지키도록 가르쳤다고 한다. 사람들은 이 예의를 배워 그것에 따르지 않으면 안 되며, 동시에 성을 억제하고 교정하지 않으면 안 된다고 한다. 예의에 따르지 않고 성정에 내맡겨 멋대로 하는 것이 소인小人이며 선생의 가르침을 받아들여 학문에 힘써 예의를 따르는 것이 군자君子라고 순자는 말한다.

그런데 악한 성을 가진 인간이 어떻게 인위를 쌓아 선을 행할 수 있는가 하는 것이 문제이다. 순자에 의하면 사람이 선을 행하려고 하는 것은 성이 악하기 때문이라고 한다. 그러므로 그는 말하기를

> 대개 덕망이 적은 사람은 이것이 많을 것을 원하고, 추한 사람은 아름답게 되고 싶어 하고, 약간의 토지밖에 갖고 있지 않은 자는 광대한 토지를 소유하고 싶어 하고 빈곤한 자는 돈을 갖고 싶어 하고, 신분이 낮은 자는 고귀하게 되고 싶어 한다. 이런 때문에 자기 자신에게 갖추어져 있지 않은 것이 있다면 반드시 외부에서 그것을 구하려고 한다. 따라서 돈을 가지고 있는 자는 재산을 바라지 않고, 고귀한 자는 권세를 바라지 않는다. 이런 관점에서 보면 인간이 선을 행하

> 려고 하는 것은 타고난 본성이 악하기 때문이다. 그런데 인간의 타고난 그대로의 본성에는 처음부터 예의가 갖추어져 있지 않다. 따라서 노력하고 학습하여 그것을 몸에 익히려고 하는 것이다.

라고 하였다(≪순자≫ 〈성악편〉). 만약 성이 선하다면 순자에 있어서는 성왕聖王도 예의도 무용하게 되는 것이다.

성인과 보통 사람

순자 성악설에 있어서 하나의 큰 문제점은 예의를 정한 성인의 성性은 보통 사람의 성과 같은가 다른가 하는 점이다. 성인도 성이 만일 보통 사람과 같이 악하다면 어떻게 예의를 정할 수 있었겠는가 하는 점이 의문이기 때문이다. 더욱이 성性은 성인도 보통 사람도, 악인도 군자도 소인도 모두 동일하다고 순자는 명언明言하고 있기 때문이다. 동일하다는 것은 모두 악하다는 것임은 물론이다.

한편 악인에 대해서는 "악인은 인간의 타고난 본성을 변화시켜 교정하기 위한 규범을 정하고, 그것을 집성하여 예의를 만들고, 예의가 만들어지면 또 법규를 제정하였다. 따라서 예의나 법규라고 하는 것은 성인의 창작인 것이다."라고 말하고 있다(≪순자≫ 〈성악편〉).

보통 사람은 성인이 정한 예의를 배워 그것을 따름으로써 성을 변화시키는 것인데 이것을 인간의 후천적 노력〔僞〕이라고 하고 있으므로, 자연히 '화성기위化性起僞'하여 예의와 법규를 만드는 성인의 성은 보통 사람의 성과는 다른 면이 있는 것이다. 그 점에 대한 설명이 순자에는 보이지 않는다.

또 순자는 말하기를 "성인은 사려思慮를 거듭하여 과거의 문화유산을 충분히 습득한 뒤에 의례를 만들고 법규를 제정하였다."는 등의 표현도 있지만(≪순자≫ 〈성악편〉), 결국 성인이 '화성化性', 즉 본성을 변화시키거나 '사려를 거듭하거나' 하는 것에서 출발하고 있을 뿐, 성인의 성性과 위僞와의 관계는 해명되어 있지 않다.

순자에 의하면 보통 사람은 성인이 정한 예의를 배워 선을 실현할 수는 있지만 단순히 그렇게 되는 것만은 아니다. 오랫동안 노력을 전심전력 계속해야 비로소 성인에까지 이를 수 있다고 한다. 그러나 실제로 성인이 된 사람이 없는 것은 인간이 그 노력을 하려고 하지 않기 때문이라는 것이다. 따라서 그에 의하면 모든 사람은 성인이 될 수 있는 가능성은 있지만, 실제로는 되는 것이 불가능하다는 것이다.

그러나 모든 사람은 성인에까지 이르지는 못했다 하더라도 그 가능성은 누구라도 가지고 있기 때문에 적어도 "인의仁義나 규범을 습득할 수 있는 소질이 있고, 또 인의나 규범을 실천할 수 있는 능력이 있다."고 말하였다(≪순자≫ 〈성악편〉).

그렇다면 순자의 이 말을 증거로 '인간의 성性은 선善하다.'라고 말하는 것도 가능할 것이다. 더욱이 여기서 말하는 인의나 규범〔仁義法正〕은 앞에서 말한 '예의·법규·사법師法'과 같은 것이기 때문에 이것은 성인의 위僞의 소산이고 성性은 아닌 것이며, 보통 사람에 있어서도 어디까지나 '소질〔質〕'이나 할 수 있는 '능력〔具〕'은 성 아니라고 할 수 있겠는가. 만약 아니라고 한다면 순자의 성의 정의에 비춰 보아 매우 모순된 논리임이 분명하다.

그럼에도 불구하고 순자의 성악설은 맨 앞의 예문에서 본 바와 같이 그것을 아무 이유도 없이 성에서 제외시켜 성악설을 입론하고 있다. 여기에서 성악설의 결함이 있고, 최소한 불철저한 점이 있다고 말하지 않을 수 없다.

순자와 맹자

이제 이 순자의 성악설과 맹자의 성선설을 비교해 보자. 두 사람 다 인간의 관능적인 욕망에 악의 근원이 있다고 생각한 점은 공통된다. 그리하여 순자는 당연히 이 욕망을 성의 실체로 보고 성은 악하다고 하였다. 맹자는 욕망이 성이라는 것을 인정하면서 일부러 그것을 성에서 제외시켰다.

또 맹자가 말하는 심心에 대해서 순자는 여기에서도 이익을 구하는 욕망이나 사람을 미워하는 감정 등 악에 관련되는 요소들을 인정하고 그것을 성에 포함하였다. 그러나 맹자는 그런 것은 무시하였다. 예를 들면 똑같은 '증오'의 감정이라도 맹자는 악을 부끄럽게 여기며 싫어하는 쪽의 감정을 성으로 인정하였다. 그리하여 맹자는 심의 사고능력을 특히 중시하고, 또 인의예지의 미덕에 관련되는 사단四端이나 양지良知·양능良能 등을 성의 내용으로 하였다.

거꾸로 순자는 이러한 것을 무시하였다. 그러나 한편으로 순자는 인의나 규범을 알고 행할 수 있는 '소질'이 인간에게 갖추어져 있음을 인정하였다. 여기서 맹자의 양지·양능과 순자의 인의·규범을 알 수 있는 소질과 '할 수 있는 능력'은 전적으로 같은 것은 아니라고 하더라도 매우 비슷한 것이라고 볼 수 있다. 다만 순자는 이것을 성으로 인정하지 않았을 뿐이다.

그렇게 보면 사람이 나면서 타고난 소질로서 가지고 있는 것이 무엇인가에 대해서는 순자와 맹자는 거의 차이가 없다고 할 수 있다. 두 사람이 각각 그 중에서 다른 면을 들어 그것을 성이라고 한 것뿐이다. 즉 맹자는 성의 선에 관한 면만을 들어 성은 선하다고 하고, 순자는 악에 관한 면만을 들어 성은 악하다고 했을 뿐이기 때문에 성선설과 성악설이 학설로서는 정반대의 형식을 취하고 있는 것이다. 그러나 양자의 인간 본성에 대한 관점에는 형식에서 보는 만큼 그 정도의 차이는 없는 것이다.

선·악의 개념은 맹자의 경우 분명한 설명은 되고 있지 않고 보통 상식적인 용법으로 쓰고 있다. 그러나 순자가 말하는 '정리평치正理平治·편험패란偏險悖亂'은 그의 독자적인 사고로서 맹자의 선·악의 의미와는 분명 다르다.

그렇지만 정리평치나 편험패란이라고 하는 상태를 당연한 결과로 가져올 심(마음)이나 행위의 상태는 맹자도 역시 각각 선·악으로 인정할 것이기 때문에 양자가 그렇게 심하게 다르지는 않을 것이다.

또 순자가 선·악의 용어를 사용할 때 상식적인 의미로 사용한 예도 있어 결국 선·악의 사고에 양자가 그렇게 큰 차이가 있다고는 볼 수 없다. 양자의 결정적인 차이는 무엇을 성으로 간주하느냐 하는 그 구체적 내용에 있는 것이 된다.

또한 두 사람 다 성을 그대로 방치해서는 안 된다고 생각하기 때문에 후천적인 학문 수양의 노력을 매우 중요시 하였다. 그 경우 후천적인 노력을 맹자는 본래의 성을 확대 발휘하는 '확충擴充'으로서 생각하고, 순자는 본성을 교정하는 인위적 노력, 즉 위僞로서 생각하는 점에 차이가 있다.

또 도덕의 근원을 맹자는 성 그 가운데 내재한다고 생각한 반면에 순자는 외재적인 성인의 인위에서 생긴 예의에 있다고 생각한 점에 차이가 있다. 이런 것은 두 사람의 성에 관 학설의 상위에서 파생된 견해의 차이이다.

욕망 긍정

그런데 순자는 사람의 여러 가지 욕망을 성으로 보고 그것을 악하다고 단정은 하였으나 욕망을 부정하여 무욕無欲하라고 말한 경우는 절대로 없다. 순자가,

> 예禮의 기원은 어디에 있는가. 여기에 대해 말한다. 인간은 나면서부터 욕망을 가지고 있다. 욕망이 있는데 그것이 달성되지 않으면 오히려 점점 더 추구하지 않으면 안 된다. 이와 같이 추구하여 거기에 일정한 범위나 한계가 없으면 어디

> 까지라도 그것을 추구하게 되어 타인의 추구와 충돌하게 되어 어떻든 싸우지 않으면 안 된다. 그리하여 싸우게 되면 사회는 혼란하고, 결국 막다른 골목에 이르러 어찌할 수 없게 된다. 고대의 성왕聖王은 이 사회적 혼란을 미워하였던 것이다. 거기서 예의, 즉 사회규범을 제정하여 사회를 분별 있게 질서 위에 서도록 하였다. 이 질서 위에 사람들의 욕망이나 욕구를 충분히 기르게 하여, 욕망의 대상이 되는 물질이 쟁탈의 결과 부족하여 욕망이 충족되지 않는 일이 없도록 하였다. 또 욕망을 하고 싶은 대로 하여 물질이 없어져 버리는 일도 결코 없도록 하였다, 그리하여 욕망과 물질이 상호 평균적으로 증대하도록 하였다. 이것이 예가 시작된 기원이다.

라고 논하는 것(≪순자≫ 〈성악편〉)에 의하면 욕망은 결코 부정되어서는 안 되는 것이다. '예의를 정하여 사회를 분별 있게 질서지우는 일'에 의해 욕망을 억제, 제한하는 것을 말하고 있으나 오히려 욕망을 신장시키는 것을 주안점으로 삼음으로써 결국 욕망을 기르기 위해서 제한을 말하고 있는 것이다. 욕망이 무제한으로 물질을 추구하면 그것이 없어지게 되어 거꾸로 욕망을 고갈시키는 결과를 가져온다는 것이다. 그렇게 되지 않기 위해서 욕망을 제한하며, 한편으로는 물질도 그 양을 증가시켜 항상 욕망의 요구에 부응되도록 하여, 욕망과 물질 양자가 균형을 취하면서 신장되도록 계획하는 것이 예의 작용이라고 순자는 본 것이다. 위 문장의 바로 뒤에 "예란 인간의 욕망을 가득 차게 기르는 기능을 갖고 있다."라고 하여 예가 정감이나 욕망을 기르는 것임을 그는 지적하고 있다. 이러한 논의를 보면 이는 오히려 일종의 '욕망긍정론'인 것 같이도 생각된다. 일견 재미있는 사고방식으로서 경제론으로서 보면 매우 훌륭한 견해로 보이지만, 성악론으로서는 오히려 적절하지 않은 것 같다.

도덕 실천자로서의 주장

그런데 앞에서 본바와 같이 맹자의 경우 그 성선설은 불비한 점이 많으나 그의 '성性은 선善하다.'라는 신념은 매우 견고하였다. 그것은 맹자의 실천자로서의 입장이 그렇게 만들었다고 볼 수 있다. 순자荀子의 경우도 또 맹자와 같이 그의 성악설은 불철저한 점이 많으나 맹자 비판의 태도가 과격하고(≪순자≫ 〈성악편〉), 또 그 주장 역시 집요하리만큼 강렬하였다. 이것도 순자의 도덕 실천자로서의 입장에서 나온 것이라 보여진다. 순자도 자기의 수양을 목표로 하여 선을 동경하였다고 할 수 있는데, 그러나 어떻게 하든지 실천이라는 노력에도 불구하고 목표의 실현은 꽤 어렵다. 악에 흐르기 쉬운 경향을 어떻게 하기 어렵다. 따라서 순자의 경우 자기의 본성이 악하다는 것을 탄식하지 않을 수 없다.

그러나 성이 악하다면 더욱 강하게 선을 구하지 않으면 안 된다. 세상을 보더라도 악만이 많은 것이 현실의 모습이다. 선을 행하는 데는 나도 남도 모두 성性을 교정하는 끊임없는 노력만이 필요하다.

그 노력 중 좋은 것이 성인의 가르침, 즉 예의이다. 이와 같이 생각한 것이 순자의 성악설이다.

맹자는 인격(덕)의 완성과 도덕 성립의 가능성과 나아가 도덕 중심의 정치의 실현 가능성을 믿고 그 근거로서 성선설을 말하고, 그것에 의해 사람들로 하여금 인격의 완성과 도덕성립의 가능성을 믿게 함으로써 사람들의 마음을 고무격려하는 바가 있었다.

그러나 한편 순자는 도덕적인 선이나 세상의 평화의 실현을 위하여는 욕망 그대로의 자연의 욕구를 억제하며 예의를 따르는 것이 불가결한 요건인 점을 중시하여 성악설을 주창, 자기도 세상 사람도 경계하고 질책하는 바가 있었다. 따라서 순자에 있어서 말하면, 성이 선하다고 말하면 예의의 가르침도 성인도 불필요한 것이 되고 사람은 성에 내맡겨져 악에 빠지게 되고마는 것이다.

그러나 순자는 성이 악하기 때문에 인간에 대해 절망한 것은 아니었다. 맹자와 같이 사람은 누구나 성인이 될 수 있는 가능성을 가지고 있음을 믿고 있었고, 그 때문에 성을 억제하여 예의에 따라야 한다고 말한 것이다.

순자 후에 성악설을 주창한 사람은 보이지 않는다. 순자의 문인이었던 법가의 한비자韓非子는 순자의 성악설을 자기의 법치주의 속에 끌어들여 이용하였다고 볼 수 있다. 그러나 한비자나 다른 법가사상가도 인간의 성이 악하다고 특별히 지적하지는 않았다.

그러나 맹자나 순자뿐만 아니라 욕망을 악의 근원으로 본 사람은 많다. 거의 모든 사람이 다 그렇게 보았다고 할 수 있다. 그러므로 욕망이 사람에게 태어날 때부터 갖추어진 것은 부정할 수 없는 사실이다.

그런데도 사람의 성을 악하다고 말하는 것은 어두운 사고방식이 될 것이라 싫어해서인지, 아니면 인간의 존엄을 손상시키는 것이 두려워서인지 성악의 주장은 순자 이후 나타나지 않았다.

순자 성악설의 배경

맹자의 성선설이 그의 천도관天道觀과의 연계를 내적으로 가지고 있는 것과 같이 순자의 성악설도 그의 천도관과의 상관성에서 이해해야 할 점이 있다. 순자의 천도관은 유가의 전통에서 일탈하고 있다고 해도 좋을 정도로 바뀌었다. 그것은 그가 천天을 맹목적인 자연으로 보고 인간 행위와는 전연 무관계한 것으로 강조하고 있기 때문이다.

그는 말하기를 "천도(하늘의 도)는 일정불변하다. 요임금이 나타났다고 해서 존재하고 걸桀임금이 나타났다고 해서 소멸하는 것이 아니다. 농업생산에 힘쓰고 비용을 절약하면 하늘〔天〕이 그 사람을 빈곤하게 만들 수 없고, 양생養生이 충분하여 운동도 적시에 하고 있으면 천이 그 사람을 병들게 하지 못하고, 사람으로서의 도에 따르고 배반하지 않으면 천이 그 사람에게 재해를 줄 수 없다. 그러므로 천·인의 구분에 밝으면 그 사람을 지인至人이라고 할 만하다. 군자는 내 손안에 있는 것에 대해서 신중히 노력하고 인간의 힘을 초월한 천에 속한 것을 구하지 않지만 소인은 내 손안에 있는 것을 버리고 노력하지 않고 인간 힘을 초월한 천에 속한 것을 추구한다."라고 하였다(≪순자≫ 〈성악편〉).

여기서는 맹자에 보여지는 것과 같은 천인합일天人合一 사상은 완전히 부정되고 천·인天人 분리가 강조되고 있다. 더 나아가 순자에 있어서는 천·인이 분리되는 데 그치지 않고 하늘〔天〕을 하나의 자연물로서 정복하여 이용하라고 하였다. 이러한 입장은 천에서 인간 행위의 규범을 구하려고 하는 유가의 전통과는 결별을 고하는 것이다.

순자가 천인의 구분을 분명히 하여 성악설을 제창한 것은, 인간을 천에 복귀시키는 노자老子, 인간을 천에 의해 가리워지게 한 장자莊子 등은 물론 천인의 연속선상에 선 맹자에 비하여 인간의 주체성, 인간 능력을 더욱 잘 자각하고 있었다는 것을 말해 준다.

이와 같은 인간 능력의 대표적인 것으로서 지식에 관한 강한 관심을 순자는 갖고 있었다. 인위人爲·인도人道를 배제하고 천도天道에 복귀해야 된다고 하거나 또는 천에 부합해야 된다고 한 노자·장자가 지知(지식)의 배제, 지知의 결여에 귀착하고, 더 나아가 심心의 움직임이나 감각을 배제하려고 한 데 반하여 순자는 오관五官을 통하여 얻어진 감각을 심이 끌어옴으로써 지知가 성립한다고 하는 일종의 지식의 모사설模寫說을 갖고 있었다.

순자의 성악설의 사상적 배경으로서 또 다음과 같은 정치 사회적 사정도 고려해 볼 필요가 있다. 순자 당시 한편에서는 봉건제도와 예禮에 입각한 왕도에 대항하여 패도覇道(힘의 정치)가 진행되고 있었는데, 이 패도를 추진한 진秦나라를 중심으로 하여 봉건제도에서 군현제도로 변혁이 행해지고, 관료제와 병행하여 법술法術에 의한 중앙집권·군권강화의 실효가 거두어지고 있었다.

이러한 권력은 신비적·주술적인 권위를 천도에서 구하고 있었다. 또 한편으로는 인위人爲·인도人道·예禮를 배제하고 천도에 복귀해야 한다고 주창한 노자, 예의 동요와 더불어 가치 표준이 동요하여 지知나 판단의 신빙성이 약해졌으므로 회의론으로 향한 혜시惠施, 혹은 개념의 정확을 기하여 반대로 궤변에 빠진 공손룡公孫龍 및 인위·예·판단·지知를 배제하고 보성전진保性全眞(인간 본성을 보존)하여 방외方外(탈속한 세계)에서 소요逍遙해야 한다고 한 장자 등이 활약하고 있었다.

순자는 이들이 활약한 뒤를 계승하여 그래도 유가이기 때문에 인도·예를 더욱 확인하지 않으면 안 되는 입장이었다. 그리하여 그는 예를 중시하고, 천 아래에서이지만 인간의 책임과 그 수행 능력을 확인하여 천·인의 구분을 강조하였다.

맹자의 성선설이 봉건세력을 지지하고 또 그 봉건세력을 규율하기 위한 교학이었다면 순자의 성악설은 종족宗族들에게 자기 권력과 권위를 침투시켜 봉건 세력에 의해 견제되지 않고 권력을 집중할 수 있는 군주에게 있어서의 교화의 의의를 명백히 한, 군주의 교권에 대한 근거를 지워준 교학이었다고 할 수 있다.

6. 결 어結語

이상에서 논한 바를 요약하면 다음과 같다. 먼저 맹자의 성선설과 순자의 성악설의 동이점同異點을 비교하면 다음과 같이 정리된다.

(1) 사람이 나면서 타고난 소질로서 가지고 있는 것이 무엇인가에 대해서는 맹자와 순자 사이에 거의 차이가 없고, 타고난 소질 중에서 선악의 상이한 면만을 각자 지적하여 그것을 성性이라고 한 차이 뿐이다. 또 두 사람 다 관능적인 욕망에 악의 근원이 있다고 본점은 같다. 순자는 이 욕망을 성의 실체로 보았으나 맹자는 이 욕망을 성이라 인정하면서도 성에서 제외시켰다. 그러므로 같은 심心의 작용에서도 맹자는 미덕에 관련되는 사단四端이나 양지良知·양능良能·사고능력 등을 성의 내용으로 했으나 순자는 오히려 이익을 구하는 욕망이나 미워하는 증오의 감정 등 악에 관련되는 요소를 성에 포함시켰다.

(2) 맹자의 양지·양능과 순자의 '인의규범을 알 수 있는 소질과 할 수 있는 능력'은 비슷한 것이다. 다만 순자는 이것을 성이라 인정하지 않았을 뿐이다.

(3) 두 사람 다 성을 그대로 방치해서는 안 된다고 보고 후천적인 학문수양의 노력을 매우 중시하였다. 다만 맹자는 본성을 확대하는 '확충'으로 생각하고 순자는 본성을 교정하는

인위적 노력〔僞〕으로서 생각한 점에 차이가 있다.

(4) 도덕의 근원을 맹자는 성性 가운데 내재하는 것으로 보았고 순자는 외재적인 예의에 있다고 생각하였다.

(5) 성선설·성악설 모두 불철저하고 불완전하다. 성선설은 선에의 경향성이 성 가운데 존재한다는 사실을 인정하여 그것을 '성선性善'이라고 말한 것이며 성이 왜 선하다고 말할 수 있는가에 대해서는 논증이 불충분하다. 성악설에서 순자는 '알 수 있는 소질'과 '할 수 있는 능력'을 말했는데, 이것을 성이 아니라고 할 수는 없으므로 순자가 이것을 성에서 제외하면서 성을 악하다고 한 것은 논증으로서 역시 불철저했다고 할 수 있다.

(6) 맹자와 순자 모두 성선·성악의 주장을 통하여 그 자신의 도덕 실천의지를 강하게 나타내었다. 그러므로 이 두 명제는 도덕적 명제로서 자신의 신념 표명을 통하여 남을 윤리적으로 각성하게 하고 선으로 유도·권유하는 정감적 요소가 다분히 있다는 것을 알 수 있다. 맹자의 경우 모든 사람들에게 도덕 실현의 가능성을 믿게 하려는 의지가 작용하고 있으며, 순자의 경우도 도덕과 평화의 실현을 위해서는 욕구를 억제하여 예의를 따르게 해야 한다는 신념을 가지고 세상 사람들을 경계하고 질책하였다. 우리는 성선·성악 두 도덕적 명제에서 도덕적 명제가 가지고 있는 특징의 일단을 여실히 볼 수 있다고 하겠다.

그 다음 성선설과 성악설의 배경으로서 맹자와 순자의 세계관과 정치적 입장을 비교해 보면 다음과 같이 요약할 수 있다.

맹자의 성선설이 나오게 된 배경으로서 그의 정치사회적 입장을 보면, 그는 공자의 사상을 계승하여 주周의 봉건제도를 지지하였다. 그러므로 그의 성선설은 제후·대부 등의 일족一族을 배후에 가지고 있는 봉건세력을 다루는 데 필요한 도덕의 가능근거를 제시하고 군주의 교화의 필요성을 분명히 해 준 것이라고 할 수 있다. 당시에 이미 그가 지지한 봉건제도를 넘어서서 새로운 정치 제도가 진전되고 있었기 때문에 그의 주장을 현실사회에서 실현하기는 불가능했고 정치적 효과도 거둘 수 없었다. 따라서 그는 정치적 이상으로 생각한 왕도를 관념상에서, 고대에서, 인간의 근저(본질)에서, 천(하늘)에서 구하였다. 그리하여 그의 가치세계에 있어서는 외적인 것보다 내적인 것에 더 치중하게 되었다.

그의 성선설을 또 그의 세계관과 연관시켜서 보면, 성선설은 분명 범신론적인 세계관의 논리적 발전이라고 볼 수 있다. 그러므로 맹자에 있어서의 도덕성의 근원은 천이며, 도덕성의 자각은 자기 속에 있는 천을 의식하는 것이었다.

순자의 정치 사회적 입장을 보면 당시 주의 봉건제도가 무너지고 진秦을 중심으로 군현제도郡縣制度가 행해져 중앙집권적인 전제정치가 행해지는 때에 중앙 집권적인 군주의 교화의 의의를 강조하는 입장에 서 있었다. 또한 당시에 천도天道에 복귀해야 한다고 주장하는 노자, 회의론에 빠진 혜시惠施, 혹은 개념의 정확성을 찾다 궤변에 빠진 공손룡公孫龍, 전성보진全性保眞과 방외소요方外逍遙를 강조하는 장자 등의 사상을 이어받으면서 이를 비판 극복하여 유가의 입장에서 인도·예를 더욱 확인하지 않을 수 없는 데서 예를 중시하고 천·인天人을 구분하여 인간의 노력과 책임을 강조한 것이다.

그리하여 맹자의 천에 대한 종교적 태도와는 정반대로 순자에게 있어 천은 맹목적인 자연물로서 인간 행위와는 전연 무관계한 것으로 간주되고 있으며, 더 나아가 천을 일개의 사물로 인간 의지대로 이용하라고까지 말하고 있다. 이러한 천인분화天人分化의 세계관은 그의 성악설 배태의 온상이었다.

우리는 맹자와 순자를 단적으로 이렇게 비교해 말할 수 있다. 맹자를 선진유가先秦儒家에서 이상주의자라 한다면 순자는 현실주의자라 할 수 있다. 맹자가 개인의 자유를 강조하였다는 점에서는 혁신적이나 초도덕적 가치를 소중히 여기어 종교에 가까웠다는 점에서는 오히려 보수적이다. 또 순자는 사회적 통제를 강조하였다는 점에서는 보수적이나 자연주의를 천명하여 어떠한 종교사상도 인정하지 않았다는 점에서는 혁신적이다.

중국사상사에서 맹자의 성선설은 유가 정통으로 군림해 왔다. 송대 성리학의 '성즉리性卽理'의 형이상학적 윤리설 자체가 맹자 성선설의 가감 없는 수용 위에서 성립되었기 때문이다. 명대 양명학도 마찬가지로 양명의 양지설은 맹자의 성선설의 또 다른 표현에 지나지 않는다. 한편 순자의 성악설은 그 후 계승되지 못했다. 그것은 인간의 규정을 그렇게 한다면 인간 불신에로 나아가 어두운 인생관을 낳을 가능성이 있기 때문인지도 모른다. 한비자를 비롯한 법가에서도 순자의 성악설의 가정 위에서 출발하고 있으며 또 그의 학설을 인용하고 있지만, 특별히 인간 본성이 악하다고 하지 않는 것도 그러한 이유 때문인지도 모른다. 오늘날 입장에서 보면 순자의 성악설이 인간 본성 탐구에 오히려 기여한 바가 있다고 보여지는데도 맹자 성선설이 중국사상사에서 유가 정통으로 군림해 온 것은 중국사상사의 전통적인 문제의식이 인간과 윤리에 있었기 때문이 아닌가 여겨진다.

중국 고대에 있어서 인간을 이해하고 인간 본성을 탐구함에 있어서 인간 본성의 객관적 분석보다 선·악이라는 가치에 너무 집착한 면이 인간 이해의 심화를 위해서는 불리했다고 보여지지만, 맹자와 순자의 성설性說을 통해서나 아니면 맹자 속의 고대 성설을 통해서 인간의 도덕적 가능성과 인간의 욕망과의 무한한 갈등을 일찍부터 파악하고 있었음을 알 수 있다. 뿐만 아니라 그것을 또한 이론적 파악에 그치지 않고 그 이상의 문제 즉 인간세계에서의 도덕의 실천과 평화의 실현을 위해서 윤리적으로 우리는 무엇을 어떻게 말해야 하며 어떻게 행동해야 하는가에 대하여 고뇌한 흔적을 찾아볼 수 있다.

| 제3장 |

주자학朱子學이란 무엇인가

1. 서 언序言

주자

주희朱熹(1130~1200)는 남송南宋 시대 중국 남부의 복건성福建省에서 태어나 북송北宋 시대의 여러 성리학자들의 학설을 비판적으로 계승하여 소위 '주자학朱子學'이라고 부르는 하나의 체계적인 학설을 세웠다. 그것은 인간과 자연을 통합하여 해석할 수 있는 우주형이상학宇宙形而上學을 세운 것을 말하는데, 이것은 전근대에 있어서의 일종의 '자연법사상' 체계로서 자연의 이법理法에 근거하여 인간의 도덕적 규범을 절대적으로 정초지우려는 중요한 작업이었다. 이러한 필요는 원래 인격신적 전통이 없는 중국 고대에 있어서의 일종의 종교적 요청으로서 모든 윤리 규범의 원천이었다. 그러므로 이 윤리는 서양 중세의 종교윤리와 같이 절대적 규범으로서 중국에 있어서 하나의 종교윤리 역할을 하였다. 이러한 고대 윤리에 근거를 제공한 것이 바로 중국 중세 성리학性理學(주자학)이라고 하는 우주형이상학이었다.

궁극자窮極者 문제는 형이상학의 과제이지만, 당시 천체과학 수준에서는 우주론이나 다름없었다. 주희가 세운 '리기론理氣論'이 바로 그것이다. 주희는 이 이론에 근거하여 유교의 본래 목적인 윤리와 규범〔禮〕의 문제를 해결하고자 하였다. 그러나 천하통일을 이룩한 한漢나라 이후 왕조체제가 계속됨으로써 유교는 중요한 국가종교로서, 또는 정치이념으로서 체제에 이용되었다. 그 후 종교윤리로서의 역할을 다했으나 '철학'으로서는 새로운 발전을 하지 못했다. 조선조에 들어와 정치뿐만 아니라 학술과 문화에 걸쳐 절대적인 영향을 미쳤다. 학술에 있어서는 합리적인 세계 해석을 가능하게 해주는 이론으로 기능하고, 지식인에게는 중요한 정신적, 종교적 위안을 제공했지만, 중화문화〔中國〕에 대한 지나친 종속으로 인하여 문화적 주체성을 가지지 못하게 했고, 근대에 와서는 서구 침략이라는 급변하는 정세에 대처하는 방안을 제시하지 못했다. 이것은 주자학과 조선조의 잘못이 아니고, 동아시아 문화와 사상의 한계였다고 할 수 있다.

이와 같이 주자학은 우리와 밀접한 관련이 있다. 주자학 이해는 조선조 문화 이해를 위해 필수적이다. 또 주자학 이해를 위해서는 물론 주자학 체계에 대한 이해도 필요하지만 주희의 생애에 대한 이해도 매우 중요하다. 그러므로 본 서술에서 주희의 사상 부분은 그의 사상 형성에서 매우 중요한 의미를 지니는 '사서四書'와의 관계를 비교적 자세하게 다루었다. 그의 사상 내용은 방대하므로 한 편의 논문으로 다루기는 어렵다. 그러므로 보충적인 의미에서 그의 저술을 간략하게 서술하였다. 사상 내용은 핵심적으로 심성론心性論, 리기론理氣論, 수양론修養論으로 압축하였다. 현대적 해석을 부가하는 것이 좋으나 그것 역시 분량이 많을 수밖에 없어 충분히 다루지 못하였다. 요즈음 주자학에 대한 연구서가 많이 나와 있으므로 전문적인 것은 그것을 참고하기 바란다.

2. 주자의 생애

주희朱熹는 남송南宋 시대 사람이다. 우리가 보통 높여 '주자朱子'라고 부른다. 송나라는 북쪽의 금金나라에 쫓겨 남쪽으로 내려와 남송으로 명맥을 유지하였다. 그의 자는 원회元晦, 또는 중회仲晦, 호는 회암晦庵인데, 그 외 여러 별호가 있다. 회옹晦翁, 운곡노인雲谷老人, 창주병수滄洲病叟, 둔옹遯翁 등의 별호가 있다. 그의 아버지 주송朱松(1097~1143, 호 위재韋齋)은 금나라와의 휴전강화에 반대하다가 좌천되었는데, 이어 관직을 사퇴하고 복건성福建省 남검주南劍州 우계현尤溪縣(정안도程安道의 집)에 은거하는 동안에 주희를 낳았다. 어머니의 성은 축씨祝氏이다.

주송은 27, 8세경 뒤에 주희의 스승이 된 연평延平 이동李侗과 함께 나종언羅從彦(자字는 중소仲素, 남검주南劍州 검포劍浦 사람)에게 사사師事하여 그로부터 도학道學을 배웠다. 나종언의 스승은 정자程子(정씨程氏 형제) 문하의 고제였던 양시楊時(호號는 구산龜山)였다. 그러므로 주희는 아버지로부터 도학을 전수받은 것이 된다. 그러나 그는 청소년기에 유학은 물론 선불교, 노장사상, 문학, 초사楚辭(굴원의 문학작

품), 병법兵法 등 다방면에 호기심을 가지고 있었다. 15세 무렵 선불교에 심취하여 건녕建寧 개선사開善寺의 선승 도겸道謙을 찾아가 교유하기도 했다.

주희 14세 때 아버지가 돌아가시고, 아버지 친구 적계籍溪 호헌胡憲, 백수白水 유면지劉勉之, 병산屛山 유자휘劉子翬 세 사람을 스승으로 삼아 배웠다. 이는 아버지의 유언에 의한 것이었다. 이 세 사람들은 선불교에 관심이 많아 자연 주희도 그 영향을 받았다. 유면지는 나중에 주희를 사위로 삼았다. 유병산의 형 유자우劉子羽가 주희 모자와 어린 누이동생 세 식구에게 경제적 도움을 주었다(주희의 형 둘은 일찍 죽어 주희가 외아들이 되었고, 여동생은 9살 아래이다).

주희는 19세에 진사에 급제하고, 21세에 동안현同安縣(복건성 소재) 주부主簿를 제수 받았다. 24세 여름 부친의 동문인 연평延平 이동李侗을 찾아뵙고 스승으로 섬겼다(그 후에도 29세 정월, 31세 겨울, 33세 봄)에도 이동을 만나 가르침을 받았다). 이를 계기로 노장, 불교에서 다시 유교의 장점을 알고 유교로 돌아오게 되었다. 33세 때 효종이 즉위하여 금나라의 세력이 더욱 강성해지고 송나라는 더욱 위기에 몰리게 되자 널리 정치건의를 구하였다. 이 때 주희는 봉사封事(상소문)를 올려 ≪대학≫의 '격물치지설格物致知說'로써 제왕학帝王學을 설명하였다. 그 뒤에도 4년 동안 주희는 여러 번 부름을 받았으나 관직에 나아가지 않았다.

34세 때 스승 이동이 돌아가고 수도 임안臨安에서 장식張栻(호 남헌南軒)을 만났다. 이후 장식이 죽기까지 약 20년간 서로 사상적 영향을 주고받았다. 주희도 이때부터 약 20년간 사록관祠祿官(도교 사당을 관리하는 관직)으로서 실제 벼슬은 없으면서 녹봉을 받고 집에서 지낼 수 있게 되었다. 주희가 장식으로부터 받은 영향은 '찰식단예설察識端倪說'이었다. 이동이 주희에게 가르쳐준 유교의 진리는 '미발기상체인설未發氣象體認說'이었는데, 그에 비해 이 설은 인간 정감에 실린 도덕심을 관찰한다는 심리학적 의미를 강조한 설이었다. 장식과는 주희가 38세 때 10월에서 12월에 걸쳐 남악南嶽 형산衡山을 등행하였다. 서로 주고받은 시가 문집에 실려 있다.

다시 말하면, 미발기상체인설은 '미발기상', 즉 인간 마음의 원래 모습을 체험한다는 매우 정적인 공부라면, 찰식단예설은 인간 마음이 외물에 응하여 나올 때 그 선악의 움직임을 잘 살핀다는 매우 동적인 공부를 말한다. 장식의 영향으로 주자 40세 때에 그의 사상의 골격인 '이발미발설已發未發說'이 정립되었다. '이발已發', '미발未發'이란 ≪중용≫에서 말한 것으로 인간 마음의 원래 모습(미발)과 움직임(이발)을 각각 가리켜 말한 것인데, 인간 마음을 양측면에서 이름 붙인 것이다.

39세 때에 숭안崇安 지방이 수해로 인해 기근에 빠지자 부지사府知事의 허락을 받아 오부리五夫里에 사창社倉(정부 양곡 창고)을 건립, 이재민 구제에 나섰다. 그 사창 관리에 관한 자세한 규정인 사목事目(관리규정)도 만들었다. 그 후 10년 뒤(52세 12월) 국가에서 '사창법'으로 전국에 공포하였다. 주자의 이러한 정책 입안은 그의 '격물치지설格物致知說'의 발로였다.

46세 때에 친구 여조겸呂祖謙(호 동래東萊)이 방문하여 한천정사寒泉精舍에 머물면서 ≪근사록近思錄≫을 엮었다(원래 한천정사는 주희가 40세 때 돌아가신 그의 어머니 축씨를 기념하기 위하여 묘소 옆에 지은 학교였다). 그가 돌아갈 때 주희는 그를 전송하기 위해 함께 강서성江西省 연산현鉛山縣 아호사鵝湖寺에 갔다. 거기서 육구연陸九淵(호 상산象山) 형제와 만나 학술토론을 벌였다. 주희는 학문방법으로서 '주지적主知的 궁리설窮理說'을 주창한 반면에 이것을 지리산만한 방법이라고 본 육구연 형제는 '돈오적頓悟的 방법'을 내세웠다. 이 해 7월 운곡암雲谷庵을 지어 초당을 '회암晦庵'이라 하고, 자신의 호로 삼았다.

50세 때 남강군지사南康軍知事에 제수되어(이때의 군軍은 당시 행정구획의 명칭) 흉년구제책을 펴는 한편 백록동서원을 재건하여 '백록동서원게시白鹿洞書院揭示'를 지어 교육 진흥에 힘썼다. 그 요점은 맹자가 말한 '오륜五倫'을 교육목표로 하고, 박학博學, 심문審問, 신사愼思, 명변明辨, 독행篤行을 학문방법으로 제시하였다. 52세 때에도 절동浙東에 흉년이 들어 절동제거浙東提擧로 부임하여 구제활동을 펴기도 하였다. 절동에 가기 전 남강군지사 말년에 육구연이 제자들을 이끌고 주희를 찾아왔다(아호사鵝湖寺에서의 만남으로부터 6년이 흐른 뒤였다). 자신이 쓴 형 복재復齋 육구령陸九齡의 묘지명에 주자의 휘호를 받기 위해서였다. 이때 주희는 육구연과 배를 띄워 즐기면서 그를 대접하였고, 또한 학생들을 위해 강의를 해 달라고 부탁하였다. 이때 육구연은 ≪논어≫의 한 구절인 "군자는 의義에 밝고 소인은 이익에 밝다."는 것을 주제로 삼아 강연을 하였다.

53세 절동제거浙東提擧 시절 정월에 영강학파永康學派 진량陳亮(호 용천龍川)이 찾아왔다. 그 후 가거강학家居講學(집에서 찾아오는 학생들을 가르침) 시절인 55, 6세 때 진량을 비판 공격하였다. 주희의 도덕적 역사철학과 진량의 공리적功利的 역사철학의 차이에서 오는 대립이었다. 53세 9월 절동을 떠나 숭안崇安으로 돌아왔고, 54세 다시 사록관을 배명 받아 가거강학에 들어갔다. 54세 4월 무이산武夷山에 무이정사武夷精舍를 세워 그곳에서 제자들을 가르치기 시작하였다.

53세부터 60세까지 만년에는 제자들을 가르치고 저술에 힘썼다. 61세 때 다시 장주지사漳州知事로 부임하여 관리들의 규율을 바로 잡고, 좋은 풍속을 진작시키는 등 개혁적 시책을 폈다. 65세 때 담주지사潭州知事 겸 안무사로 부임하여 민란을 진정시키고 횡폭한 지주를 처벌하는 등 혁신 시책을 폈다. 65세에 주자는 시강侍講(임금에게 강의하는 관직)이 되었다(10월). 당시 재상 조여우趙汝愚의 추천이었다. 그러나 당시 권신 한탁주韓侂胄의 미움을 받아 46일 만에 파면되었다. 그가 한탁주를 권세를 휘둘러 일을 그르칠지 모른다고 상소하여 그로부터 미움을 받았기 때문이었다. 이 해 11월 내직을 박탈당하고 귀향하던 도중 옥산玉山에서 강연을 행하였다. 이것이 유명한 '옥산강의'인데, 내용은 인仁에 관한 내용이다. 12월 죽림정사竹林精舍(나중에 창주정사滄洲精舍라 개명)가 준공되어 석채釋菜(공자 사당에 제사 지냄)를 행하였다.

그 후 주희 반대파들은 그 학문을 위학僞學이라 하며 주희와 제자들을 무고, 중상하였다. 심지어는 주희가 임금 자리를 엿본다고까지 무고하였다. 이것을 '경원당화經元黨禍'라 한다. 그리하여 68세 때에는 그의 학문이 '위학僞學'이라 공인되어 엄금되었다. 이때 그의 절친한 친구 채원정蔡元定(호 서산西山)이 귀양 가서 죽는 등 제자와 친구들이 막대한 핍박을 받았다. 심지어는 떠나가는 제자도 많았다. 그러나 그는 조금도 흔들림 없이 죽림정사竹林精舍에서 강의에 종사하며 도학을 지키는 것을 자신의 남은 임무로 여겼다.

주자묘

71세 3월 건양현建陽縣 고정考亭의 집에서 병몰하였다. 그해 11월 건양현 당석리唐石里 대림곡大林谷에 장사 지냈다.

한탁주가 죽은 다음 가정 원년(1208)에 '문文'이란 시호를 내렸다. 이로 인해 세상 사람들은 주희를 '주문공朱文公'이라 존칭하였다. 송 이종理宗 보경 3년(1227)에는 '신국공信國公'에 추봉되었고, 소정 3년(1230)에는 '휘국공徽國公'에 추봉되었고, 순우 3년(1241)에는 학궁學宮에 배향되었다.

주희의 생애는 학자적 생활과 관료적 생활의 교착으로서 우리는 여기서 이론과 실천의 교직이라는 송대 사대부(조선조의 선비와 같음)라는 지성인의 독특한 품격을 볼 수 있다. 그의 사상적 발자취를 요약하면, 젊은 시절부터 24세까지는 선불교에의 침잠 시기, 24세에서 34세까지는 이동에게 사사하여 정적靜的 인륜의 자각시기, 34세부터 40세까지는 장식과의 교유를 통해 동적動的 인륜의 자각시기였다. 그리하여 40세에는 도덕 주체로서의 인간 심리의 구조와 수양방법의 터득을 통하여 사물을 보는 기본적인 사유방식의 확립이 이루어졌다. 40세부터 50세까지는 집에서 제자들을 가르치는 소위 '가거강학'의 시기였는데, 50세 이후는 체계화된 이론을 정치면에 운용하여 그 이론 체계를 하나의 불변의 정치철학으로 만든 시기였다. 그리고 주희는 죽기까지 여러 경전의 주석을 개정하고 또 개정하면서 점점 그의 사상을 정밀하게 갈고 다듬었지만, 40세에서 50세까지에 이루어진 이 사유방식의 큰 줄기는 바뀌지 않고 유지되었다.

주희의 가족관계에 대해 간략히 언급하면 다음과 같다.

> 앞에서 말한 대로 그가 14세 되던 해 부친이 타계하였고, 그의 결혼 시기는 정확히 알 수 없으나, 다만 장남의 탄생을 미루어 22, 3세 때인 것 같다. 부인은 유백수劉白水의 딸로 주희 47세에 먼저 타계하였는데, 3남 5녀를 두었다. 아들은 장남이 숙塾, 차남이 야埜, 삼남이 재在이고, 딸은 손巽, 태兌, 계사癸巳 등 다섯이다. 그의 제자이면서(47세에 입문) 사위가 된 황간黃幹의 배필은 둘째딸이다. 장남 숙은 그가 24세 되던 해 태어났고, 다음 해(25세) 차남 야가 태어났다. 삼남 재는 그의 나이 40세 때 태어났다. 이 해에 어머니 축씨가 돌아가셨다. 52세 때 2월 그의 여동생이 죽었다. 그의 나이 62세 만년에 이르러 장남 숙이 먼저 죽는 비운을 겪었다.

이상 주희의 생애에 대해 몇 가지 참고자료를 토대로 간략하게 엮어 보았다.

3. 주자의 저술

그의 저술을 체계별로 분류하여 적기摘記하면 다음과 같다.

철학 분야

≪연평답문延平答問≫(35세)

젊은 시절의 스승 연평 이동李侗으로부터 받은 가르침을 기록한 책이다. 청소년시절 심취했던 선불교와는 다른 유교의 인륜세계 속의 도덕적 성취의 의미를 깨달아 간 흔적을 남기고 있다.

≪태극도설해太極圖說解≫(40세 · 50세에 교정, 59세에 편찬)

송학宋學의 시조 주돈이周敦頤(호 염계濂溪)의 저술인 ≪태극도설≫에 대한 주석 및 해설서이다. 성리학에서 우주의 최고 궁극자窮極者인 '태극' 및 이 태극과 음양오행이라는 현상 간의 관계를 통하여 만물 생성에 대한 형이상학적 설명을 해나간 책이 주돈이의 ≪태극도설≫인데, 이 주석 및 해설은 단순한 주석에 그치지 않고 주희의 우주론 또는 형이상학이 잘 드러나 있다. 성리학의 제1번 책으로서 그 후 동아시아 사상사에서 매우 큰 영향을 끼쳤다.

≪통서해通書解≫(40세·50세에 교정, 58세에 편찬)

주돈이의 ≪태극도설≫이 만물생성에 대한 존재의 형이상학이라면 이 책은 그 우주법칙에 의해 태어나 살아가는 인간의 도덕적 목표와 그 성취 방법에 대해 설명하고 있다. 우주론적으로는 인간도 자연의 한 산물이지만, 인간은 한편으로는 만물의 영장이므로 또 다른 도덕적 존재로서의 위치가 있다는 의미를 밝히려 한 것이다.

≪서명해西銘解≫(41세에 교정, 59세에 편찬)

장재張載(호 횡거橫渠)의 한 편의 논문이며 그의 좌우명이기도 한 ≪서명≫이라는 글에 대한 주석이다. ≪서명≫의 골자는 이 우주의 모든 변화의 원천은 기氣로서 인간 사이를 소통시키고, 나아가 자연물과 인간이 상호 공존하는 대화합을 연출하는데, 이것을 깨달아 만물일체 의식을 회복하는 것이 학문의 요점이라는 내용을 설명하고 있다. 그리하여 유교의 핵심은 막연히 박애를 주장하지 않고 혈연사랑에서 타인으로 점차 확대해가는 사랑을 중요시 여기지만, 궁극적으로 만물과 일체가 되는 보편 사랑, 즉 '우주적 사랑'을 이루어야 한다는 사랑의 변증법 사상을 담고 있으므로 송대 성리학자들이 중요하게 여긴 것이다.

≪이락연원록伊洛淵源錄≫(44세)

이伊와 락洛은 낙양洛陽(지금의 하남성河南省) 부근의 이천伊川과 낙

수洛水를 가리키고, 정호程顥(호 명도明道)·정이程頤(호 이천伊川) 형제가 낙양 출신이므로 '이락'은 이정二程과 그 학파를 가리킨다. 이정을 중심으로 하고, 주돈이, 장재, 소옹邵雍(시호 강절康節) 및 그 제자들의 행장行狀과 유사遺事, 묘지명 등 전기 자료를 모아 편찬한 책이 이것이다. 이 책의 저작 동기는 송대 성리학(도학)의 연원을 분명히 하여 역사적 의의를 천명하기 위한 것이다. 여기서도 맹자 이후 도道의 전통이 끊어졌는데, 이정二程〔程明道·程伊川〕에 와서 다시 이어졌다는 '도통론道統論'의 시각을 나타내고 있다.

≪정씨유서程氏遺書≫(39세) 및 ≪정씨외서程氏外書≫(44세)

이정二程이 남긴 글을 모아 문집으로 엮었다. 주희는 이즈음 장식과의 교유를 통하여 자기 사상(이발미발설已發未發說)을 확립할 시기였는데, 이정의 저서를 편찬하면서 많은 사상적 영향을 받았다. ≪대학≫의 '격물치지설格物致知說'도 정이의 학설의 영향 아래 이루어졌다.

≪근사록近思錄≫(46세)

주돈이周敦頤, 이정二程, 장재張載, 이 4인의 북송 성리학자들의 저술 속에서 성리학적 내용을 많이 담고 있는 내용을 묶어 한 책으로 편집하였다. 총 622조의 아이템을 14개의 주제로 분류하였다. 맨 처음 주돈이의 ≪태극도설≫을 실어 리理의 본체론을 말하고, 그 다음에 격물치지의 방법론, 또 그 다음에는 입신처세의 수양론, 즉 수신, 제가, 치국, 평천하의 이론을 펼쳤다. 이는 전통 유가의 '내성외왕內聖外王'의 학문 정신을 계승한 것이다. 그 외 이단을 배척하는 문제 등의 주제로 나누었다.

≪소학小學≫(58세)

사서四書에 ≪대학≫이 있다. 이는 고대 진秦·한漢 시기에 국립대학의 교육지침을 말한 것이지만, 유교의 '수기치인修己治人'의 정신을 잘 나타내고 있다. 이것이 성인의 교육과정이라면, 그 전 단계의 어린이에서 청소년까지의 교육과정이 '소학과정'이다. 여기에 필요한 교재로 이 ≪소학≫이 집필되었다. 옛 고전에서 일상적인 생활예절과 감화를 줄 만한 이야기를 엮어 청소년의 덕성 교육의 교재로 하려고 편찬하였다.

그 외 장재의 ≪정몽正蒙≫에 대한 주석서인 ≪정몽해正蒙解≫가 있다.

경학 분야

≪논맹정의論孟精義≫(43세)

≪논어≫와 ≪맹자≫에 대한 선배 성리학자, 즉 이정二程과 장재張載 등 북송 12가의 주석을 망라하여 모아 놓은 것이다. 뒤에 혹문或問과 집주集註를 편찬하는 데 주요 자료가 되었다. 뒤에 요의要義라 바꾸었고, 집의集義라고도 불렀다.

≪고금제가례古今諸家禮≫(45세)

제가諸家의 예설禮說을 모아 놓은 것이다.

≪대학大學≫ 및 ≪중용中庸≫ 장구章句와 혹문或問(45세)

사서四書의 하나인 ≪대학≫과 ≪중용≫의 주석서이다. 혹문은 집주에 넣지 못한 학설을 모아 보충서로 편찬한 것이다.

논어와 맹자의 집주 및 혹문(48세)

사서四書의 하나인 ≪논어≫와 ≪맹자≫에 대한 주석서이다.

≪시집전詩集傳≫ 초고(48세)

주희도 '오경'에 대한 주석을 편찬하려고 하였으나, 성리학과 사서에 관한 도서 편집에 치중함으로써 시간적 여유가 없었다. 다만 ≪주역≫과 ≪시경≫에 대해서는 주석을 남겼다. 종래의 견강부회식 주석 방식을 탈피하고 인정의 자연스런 발로로, 다시 말하면 문학은 문학으로 보려는 시각을 가지고 주석을 함으로써 새로운 경전 연구방법을 열었다. 주희가 47세에 부인을 잃었는데, 그때의 정감이 혹 시를 연구하게 했는지도 모른다(현대 일본 학자 友枝龍太郎의 설).

≪역학계몽易學啓蒙≫(57세)

≪주역≫에 대한 철학적 연구에는 상수역象數易과 의리역義理易(도덕적 해석) 두 입장이 있는데, 정이의 ≪역전易傳≫은 성리학의 입장에서 도덕적으로 해석한 것이고, 주희의 ≪역본의易本義≫는 이천역伊

川易을 계승하면서 상수학을 겸하려 한 입장이었다. 이 책은 이 상수학(점복占卜 포함)에 대한 체계적 설명이다. 당시 복잡하고 난해한 상수와 점복에 대해 학자들이 잘 모르고 있으므로 이 책을 지었다.

≪효경간오孝經刊誤≫(57세)

≪효경≫에 대한 고증과 교정을 가한 책이다.

≪중용집략中庸輯略≫(60세)

친구 석돈石𡼏(자 자중子重)의 ≪중용집해≫를 간추린 것이다.

≪주역본의周易本義≫(61세)

앞에서 설명한 대로 이천역전伊川易傳의 사상을 계승하면서도 이것에 빠진 상수학적, 점복적 역학을 겸하여 체계화시킨 주역 주석서이다.

≪의례경전통해儀禮經典通解≫(65세, 미완)

유교는 자연법칙을 모방하여 인간사회의 룰을 정초하려 했는데, 이는 일종의 생활의 원칙이요, 규범이다. 오경 중의 하나인 ≪예기≫는 이러한 유교의 예에 대한 철학적 배경 설명이다. 그러므로 천리天理의 구현인 유교의 예는 '규범적 조문'이 있어야 한다. 주희는 이러한 규범적 조문이 전해지지 않은 것을 애석하게 생각하여 여러 책에 남아 있는 것을 모아서 체계적인 유교의 예를 편찬하고 싶었다. 워낙 방대한 작업이라 완성하지 못하고 후일 제자들에 의해 완성되었다. 유교라는 종교의 모든 의례를 체계화한 것이다.

문학 분야

≪한문고이韓文考異≫(68세)

당의 한유韓愈(한퇴지韓退之)의 시문집을 고증한 것인데, 한유는 불교를 이적夷狄(오랑캐)의 교敎라 하여 공격하고 공자, 맹자의 유교를 부흥시켜야 된다는 사상을 가지고 있었고, 또한 그 문장은 고문古文의 전형으로서 당송 팔대가의 한 사람이라 칭할 정도였다.

≪초사집주楚辭集注≫, ≪후어後語≫, ≪변증辨證≫(70세)

굴원屈原의 초사는 중국 남방문학의 백미로서 주희는 젊은 시절부터 그 문학에 심취하였다.

역사 및 정치 분야

≪팔조명신언행록八朝名臣言行錄≫(43세)

송대 여덟 왕조의 명신들의 전기집이다.

≪통감강목通鑑綱目≫(43세)

사마광司馬光의 ≪자치통감≫을 공자의 '춘추필법'을 모방하여 역사적 심판을 내린 역사철학서이다.

기타

≪주역참동계고이周易參同契考異≫(68세)

≪주역참동계≫는 도교의 책으로서 도사들이 수도의 수행 과정을 주역의 변화에 견주어 논한 책인데, 주희는 이것을 고증학적으로 교정하였다. 주희는 도교나 도가 사상에 대해서도 취할 만한 것은 배척하지 않았다.

그 외 ≪음부경주陰符經註≫도 있다.

4. 주자 사상과 사서四書

공자가 말하기를 "나는 전통을 계승할 뿐이지 새로 창작하지 않는다.[述而不作]"라고 한 바와 같이 유가의 많은 학자들은 경전 주석을 통하여 자기 사상을 피력하였다. 주희 역시 그러하였는데, 주희는 특히 사서를 체계적으로 정리함으로써 한漢·당唐의 오경 중심 학풍을 일신하였다. ≪대학≫과 ≪중용≫은 원래 ≪예기≫의 한 편이었으나, 주희 이전에도 그 중요성이 인정되어 여러 학자들이 단행본으로 드러내었다.

그러나 본격적으로 사서의 역사적 의의와 또 사서四書 간의 도통적 연관성을 체계적으로 정리한 것은 송대 주희에 와서 시작되었

≪중용≫을 지은 자사

다. 즉 공자-≪논어≫, 맹자-≪맹자≫, 증자-≪대학≫, 자사(공자의 손자)-≪중용≫의 식으로 도의 전통을 가지고 사서의 위치와 의의를 규정하였다. 또 주희는 읽는 순서도 정하여 사서간의 관련성도 설명하였다. 읽는 순서는 ≪대학≫, ≪논어≫, ≪맹자≫, ≪중용≫의 순이라고 하였다.

송대 중엽 이후 정자程子(정씨 형제)의 문하에서는 사서가 기본교과서로서 중시되었다. 그리하여 정자나 그 문인들이 사서를 통하여 자기 사상을 형성해 갔다. 송대 문헌목록을 보면 정자학파의 사람들이 ≪논어≫, ≪맹자≫, ≪중용≫에 관한 해설서가 눈에 많이 띄는 것을 볼 수 있다.

그러나 각자 나름대로 해설서를 지은 관계로 각양각색이어서 정리가 필요하였다. 이러한 상황에서 주희에 와서 네 책을 '사서四書'라 세트화하여 인간형성, 사상형성의 교과서로 만든 것이다. 주희가 사서를 표장하게 된 이유는 다음과 같은 것이다.

첫째, 사서는 오경에 비해 읽기가 쉽다는 점이다. 오경을 제대로 읽으려면 고대 문자의 의미를 잘 해석해야 하고, 또 문물제도 등에 대해서도 연구를 하지 않으면 안 된다. 또한 오경을 둘러싼 여러 주석서들의 장단점, 심지어 오류와 왜곡의 해석사를 전부 탐구하지 않으면 안 될 정도로 노력이 많이 든다. 그에 비해 사서는 읽기 쉽다는 점이다. 둘째, 사서는 그렇다고 하여 내용이 낮은 차원의 책이 아니다. 즉 사서는 심心, 인仁, 의義와 같은 철학적 문제를 다루고 있다. 셋째, 사서는 공맹사상孔孟思想을 알 수 있는 직접적인 자료라는 점이다. 넷째, 사서는 체계적인 학문 방법을 제시해 준다고 보았다. 즉 주희가 읽는 순서에서도 암시한 바와 같이 ≪대학≫은 유교의 기본강령을 밝힌 것이고, ≪논어≫와 ≪맹자≫는 그 강령을 실천에 적용한 구체적 사례를 보는 것이며, ≪중용≫은 그러한 것에 대한 근본 사상으로서 유교의 종교철학적 특성을 다시 천명한 것이라고 생각했다.

주희의 사서에 대한 저술은 대표격인 사서집주 외에도 여러 가지가 있다. 이를 보면 주희가 사서에 대해 새로운 교과서로서 표장하기에 얼마나 노력했는가를 잘 알 수 있을 뿐만 아니라 이러한 작업을 통하여 그의 사상도 깊이를 더해 간 것을 알 수 있다. 즉 사서집주의 완성 과정은 주희 사상의 완성 과정이라고 할 수 있다. ≪정의精義≫(일명 ≪집의集義≫) 종류나 ≪집약輯略≫(≪중용≫에만 있음)은 선배 사상가들의 주석을 다 모아 비판적으로 취사선택한 것이며, 또 ≪혹문≫ 종류는 ≪집주≫의 내용에 대하여 선배 주석서를 취사선택한 이유를 문답 형식으로 보고한 것이라 할 수 있다.

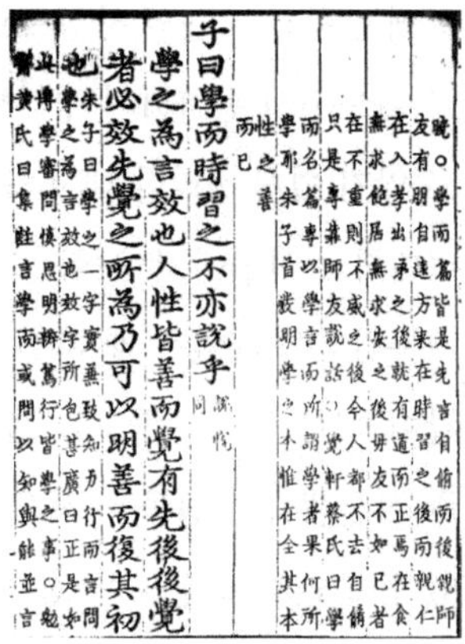
子曰學而時習之不亦說乎
學之爲言效也人性皆善而覺有先後後覺
者必效先覺之所爲乃可以明善而復其初

사서집주 중 ≪논어집주≫

주희가 사서집주를 편찬한 방법을 보면, 그는 종래의 훈고학적訓

詁學的 경전 연구방법과 사상내용을 철학적으로 밝히는 송대의 의리학적義理學的(철학적) 연구방법 두 가지를 병행한 것을 알 수 있다. 그리하여 주희는 후한의 정현鄭玄의 공적을 칭찬하고 있는 것을 볼 수 있다. 주희가 훈고학적 연구방법을 존중한 것은 의리학적 해석이 자칫하면 독선에 빠지기 쉽기 때문이다. 그러므로 그의 사서집주의 편찬 정신은 공자의 '전통을 계승하고 새로 창작하지 않는다.'는 태도를 견지하여 여러 학자의 견해를 절충한 것이다.

주희의 사서 연구 중에서도 ≪대학≫의 연구가 특기할 만하다. 그 속에는 주희 자신의 사상으로 보충해 넣은 것도 있고, 또 경과 전으로 나누면서 편차까지 정리하여 원본 고본대학古本大學을 체계적으로 알기 쉽게 정리한 데서 그 노력을 알 수 있다. 주희 자신이 "나는 ≪대학≫ 연구에 많은 힘을 쏟았다. 일찍이 사마온공〔司馬光〕이 ≪자치통감≫을 지었을 때 자신의 평생 정력이 이 책에 있다고 한 바와 같이 나에게 ≪대학≫도 그러하다."라고 하였다. ≪대학≫의 원문, 즉 고본대학의 원문은 착간되어 있어 맥락이 통하지 않는 곳이 있었다. 그리하여 원문을 경經과 전傳으로 나누고, 착간되어 있는 부분도 정리하였다. 또한 '격물치지格物致知'에 관한 전문傳文도 보충해 넣었다. 일찍이 정씨 형제 역시 ≪대학≫은 공자의 유서라고 하면서 원문의 개정에 착수한 바 있지만, 전편에 미치지 못하였고, 정자 문인들의 연구도 미진하였다. 그리하여 주희에 와서 전편을 체계적으로 개편하였다.

'격물치지'에 관한 보전補傳에 대해 주희 이후 많은 비판이 제기되었고, 특히 주희 사상을 반대한 왕수인王守仁(호 양명陽明)에 오면 이 ≪대학≫에 대한 해석 방법의 차이에 따라 학적 입장이 나누어졌다. 그만큼 이 책은 유교의 핵심을 압축하여 잘 나타낸 중요한 자료로서 연구의 여지를 많이 남겨 놓은 책이었고, 주희는 이 책에 대한 주석을 통해 자기 사상을 전개하였다고 할 만하다. 대학의 교육 목적은 소학을 거쳐 본격적인 지성의 연마, 지식의 축적, 지능의 향상 등 고등학습 과정에 관한 것이므로 그 중요성을 짐작할 수 있다. 주희는 3강령(明德, 新民, 止於至善)과 8조목(格物, 致知, 誠意, 正心, 修身, 齊家, 治國, 平天下)으로 구성된 ≪대학≫의 교육목표를 천명하는 한편, 격물치지라는 학문방법을 더욱 중요시하여 오늘날 의미의 '인식론적' 문제의식도 보였으며, 수양에 있어서 지식적 요소가 중요하다는 것을 강조함으로써 '주지주의적主知主義的' 경향을 나타내었다. ≪대학혹문≫에 이러한 주희 사상이 집약되어 있다.

주희가 특히 중요시한 것은 '성의誠意'와 '격물치지格物致知'였다. 유학의 목표가 성인聖人이 되는 데 있다면 성인은 성의를 실천하는 사람이라 할 수 있고, 궁극적으로 선善이 무엇인지 알아야 한다는 결론에 도달한다. 격물은 물物의 이치를 탐구하는 것이고, 치지는 나의 지식을 이루는 것이다. 이때 물론 지식이 오늘날의 단순한 지식은 아니고, 실천을 통하여 진정으로 아는 그러한 체험과 사색이 어우러진 지식이다. 오늘날 말하는 일반적인 지식을 포함하면서 도덕적으로 실천할 때 유효한 그러한 지식을 말하는데, 지식의 축적이 많아지면 질적 비약이 이루어져 '활연관통豁然貫通'하게 된다고 한다. 이것은 성리학자들이 사물의 실상(진리)이 보편성과 특수성의 이중 교직이라고 생각하여 그것을 '리일분수理一分殊'라고 나타낸 것과 유관하다. 즉 많은 특수성의 사례를 모으면 보편성을 자연 알게 되고, 이때 진리는 양자의 동시적 구조로 이루어져 있다는 것을 알게 된다는 것이다. 뒤에 '수양론'에서 다시 자세히 논한다.

주자학의 특색은 연구 영역이 넓고, 이론 구성이 치밀하고, 고전 해석이 정밀하고, 인간사에 대한 태도 역시 매우 객관적인데, 이 모든 것이 격물치지의 방법론을 활용한 결과이다.

5. 주자의 사상 개요

심성론心性論

심성론이란 인간 마음에 관한 논의인데, 성리학에서 인간 마음을 중요하게 다루는 것은 그것이 일신의 주재자, 즉 도덕적 주체로서 도덕 실천의 원동력이기 때문이다. 심성론은 심心·성性·정情의 삼자 관계가 규명되어야 하고, 동시에 심이 주체로서 어떻게 육체적 조건을 극복하여 선을 실현할 것인가 하는 도덕적 수양론이 따르게 된다. 주자의 심성론은 그의 나이 40세에 완성한 '이발미발설已發未發說'이 그 핵심이다.

이발, 미발은 ≪중용≫의 첫 장에서 언급되었다. 즉 "희·노·애·락이 아직 발(발현)하지 않았을 때를 '중中'이라 하고, 발(발현)하여 절도에 맞는 것을 '화和'라고 한다. 중은 천하에 근본〔大本〕이고, 화는 천하의 도〔達道〕이다."라고 하였다. 주희는 그전에 연평延平 이동李侗으로부터 미발의 기상을 체인(체험)하라는 가르침을 받았으므로 이때부터 유가의 심성수양론으로 은연중에 불교와 비교하며 그 문제를 중요한 철학적 주제로 생각하기 시작했다. 그리하여 남헌南軒 장식張栻과의 학문적 교류도 자연히 이 문제에 집중되었다.

당시 이발미발에 대한 해석에는 두 가지 갈래가 있었다. 하나는 심心이 고요하게 있을 때, 즉 희노애락의 심리적 활동이 아직 일어나지 않았을 때를 미발, 그 반대로 심이 활동하는 때를 이발이라고 보는 관점이 있었고, 다른 한편으로는 본성을 미발〔靜〕, 심을 이발〔動〕로 보는 관점이 있었다. 전자는 정자 문인이었던 양시楊時·나종언羅從彦·이동李侗 등의 해석이었고, 후자는 역시 정자의 문인이었던 사량좌謝良佐라든가 그의 영향을 받은 호남학파湖南學派의 호굉胡宏 및 그 제자였던 장식張栻 등이 취한 해석이었다.

주희가 이동에게 사사하였을 때는 미발 때의 기상을 체험해야 된다고 한 바와 같이 미발 때의 공부가 중요하다고 한 이동의 학설을 잘 이해하지 못했다. 그 후 이동 사후 장식과 만나서 호남학파의 '찰식단예설察識端倪說'을 접하고부터는 미발을 성, 이발을 심이라고 하는 설에 영향을 많이 받았다. 주희는 이때 이렇게 생각했다. 즉 심은 어디까지나 이발이라는 작용으로서 나타난 것이고, 동적인 것이다. 그런데 작용이 있으면 당연히 그 본체가 없으면 안 된다. 이

것이 미발의 중中이다. 모든 작용이 이 미발에서 생기므로 그런 의미에서 '중中'이라고 한다는 것이다. 이 본체의 순수자연적인 발동으로서의 심은 특히 '양심良心'이라고도 하는데, 맹자가 말한 '사단四端'이 그러한 것이다. 그런데 인간의 육체적 감각적인 욕망 때문에 이 순수자연성이 드러나지 않게 된다. 그러므로 양심이 발현할 때 그 감정의 싹을 잘 살피는 것이 매우 중요하다. 이상의 중화에 대한 자기 생각을 주자는 '중화구설中和舊說'이라고 불렀다(≪주자대전≫ 권75, 〈중화구설서〉).

그러나 주자는 곧이어 미발—성性(본체), 이발—심心(작용)이라는 생각에 의문을 가지게 되었다. 심을 이발로 하고, 그 발현의 단서, 즉 양심의 맹아를 관찰〔察知〕하는 일을 공부라고 한다면, 이것은 〈마음의〉 '동動' 측면에만 치우쳐 마음의 안정을 잃어버릴 것이 아닌가 하는 의문이다. 또 양심의 맹아를 관찰한다고 한다면 이는 심心을 두 가지로 분열시키는 것이 된다. 그리고 이발을 심, 미발을 성이라고 하면, '정情'은 어떤 위치를 갖게 되는가 하는 문제가 생기기 때문이었다.

그러던 중 정자程子의 유서遺書를 정리하면서 그 유서를 정독한 결과 자신의 생각이 잘못되었음을 깨닫고 '중화구설中和舊說'을 고치게 된다. 성을 미발로 하고 본체로 하는 것은 좋으나, 이 경우 미발은 희노애락의 감정이 아직 발동되지 않았을 때이므로 미발을 성이라고 함은 미발의 때는 성이라고 밖에 할 수 없다는 것이다.

그리하여 그 성의 작용은 심이 아니고, 실제는 정이라고 해야 한다는 것이다. 그리고 그때 성·정을 통괄하는 것이 심이 된다. 그러므로 이발 때만 심이 되는 것이 아니고, 정靜할 때, 즉 미발의 때도 역시 심이 되는 것이다. 심은 일신의 주재로서 동·정을 통하여 존재하는 것이라고 생각했기 때문이다(≪주자대전≫ 권67, 〈이발미발설〉).

그리하여 이발미발설(중화신설中和新說)에서는 이발·미발을 생생유동生生流動하는 심의 동·정, 즉 '확산태擴散態'와 '수렴태收斂態'로 파악하였다. 비유하여 말하면, ≪중용≫의 심은 오늘날 현상학적(phenomenological) 의미로는 '의식意識'이라고 할 수 있는데, 이 의식은 원래 가만있어도 지향성(intentionality)이 있으므로 그 지향성의 내적 측면은 미발이 되고, 외적 측면은 이발이라고 할 수 있는 것이다.

따라서 '중화구설'에서는 수양이 전적으로 이발에서만 가능했으나, 이발미발설에서는 미발에 있어서도 수양이 가능하게 되었다. 이것은 의식적 노력이 아니고 '경敬'에 의한 본체의 파지把持(붙잡음) 공부이다. 그리하여 미발에는 경·존양의 공부가, 이발에는 찰식·치지의 공부가 각각 배정되었다. 또한 주희는 경敬·존양存養을 교과과정의 소학에, 찰식察識·치지致知는 대학에 해당시켰다. 이는 이동, 장식, 정이의 학설을 종합하여 재구성한 것이다.

체용體用으로 말하면, 성性이 체體이고, 정情이 용用이 되며, 또 미발은 성이 되고, 이발은 심이 된다. 이것이 '중화구설'의 요점인데, 미발이발설에서는 심이 이발만 되는 것이 아니고, 미발의 때에도 심이 작용하고 있다는 것이다. 그러므로 미발의 중中은 성을 형용하는 말도 되고, 심의 미발을 형용하는 말도 되는 이중의 의미를 가지고 있다.

심心의 부단한 움직임을 강조한 데 주희 '이발미발설'의 특징이 있다. 그러므로 여기에는 심·성·정의 분석이 전제가 되어 있고, 심의 기능으로서 '심통성정心統性情'이라는 중간자로서의 심의 역할 또한 전제되고 있다.

주희의 미발시의 경·존양과 연평의 미발기상체험의 차이점은 이동李侗의 경우 깨달음을 겨냥하는 것이었으나, 주희의 경우 이발시의 공부, 즉 '궁리窮理'의 전제로서 이야기되었다. 또 주희가 장식張栻의 영향을 받았으나, 장식의 '찰식察識'은 단순히 윤리적 각성에 머무는 것이었으나, 주희의 찰식은 '격물치지格物致知'라고 하는 외재적 사물의 이치〔理〕 탐구로 확대되었던 것이다.

원래 '심통성정心統性情'은 장재張載(호 횡거橫渠)의 말인데, 주희는 이것을 원용하여 자기의 심성설을 설명하였다. 즉 그가 성은 리理라고 할 경우 아무래도 인간의 심을 정태적靜態的으로 파악하는 것이 될 것이므로 심에 의한 성정의 통괄이라는 심의 현실적 기능면을 설명하지 않을 수 없었다.

주희는 인간의 본성 문제에 대해서 정이程頤의 명제 '성즉리性卽理'를 그대로 계승하였다. 그러므로 주희 역시 맹자의 '성선설'을 계승하였다고 할 수 있는데, 맹자의 성설性說은 본성을 강조할 뿐 인간의 육체적 조건(이것도 선천적이다)을 함께 논하지 않았던 점을 보완하려고 하였다. 그 결과 나온 성설이 '본연지성本然之性-기질지성氣質之性'의 성설이다.

성性이 보편적이며 절대적이며, 순수선인 한 세계에는 악이 존재하지 않는다. 그러나 현실적으로는 악이 존재한다. 여기에서 주희는 '천명지성天命之性-기질지성氣質之性'의 이중구조로 성을 설명하였다. '천명지성'은 ≪중용≫의 "천명을 일러 성이라 한다."에서 온 말이고, '기질지성'은 장재와 정이의 설이다. 장재는 "형체形體가 있은 이후에 기질의 성이 있다. 이것을 잘 되돌리면 천지의 성이 거기 있다. 그러므로 기질의 성을 군자는 성이라고 하지 않는다."라고 하였다(≪정몽正蒙≫, 〈성명誠明〉).

정이는 "〈≪논어≫에〉 '본성은 서로 비슷하게 태어나나 습관에 의해 서로 멀어진다.[性相近, 習相遠]'라고 하였다. 그런데 무엇을 가지고 '서로 비슷하다'라고 하였는가? 여기서는 다만 기질지성을 가지고 말한 것이다."라고 하고(≪이정전서≫ 권19), 또 "인성人性이 선하다고 한 것은 '성의 근본'이다. 생生을 성이라고 하는 것은 그 '품부 받은 것'을 논하는 것이다."라고 하였다(≪이정전서≫ 권19). 여기서 '성의 근본'이라고 하는 것은 '본래의 성', '천명의 성'을 의미하고, '품부 받은 것'이라 하는 것은 '기질의 성'을 의미한다.

주희는 본래의 성을 '천명지성'이라 하였는데, 또 '천지지성天地之性', '극본궁원지성極本窮原之性', '본연지성本然之性'이라고도 하였다(≪주자어류≫ 권4). '본연지성', '기질지성' 양자의 관계는 어느 하나가 없으면 다른 하나가 성립되지 않는 관계이다.

주희는 말하기를 "천명이 있으면 곧바로 '기질氣質'이 있다. 서로 떨어질 수 없다. 만약 하나라도 없으면 물物을 낳을 수 없다."라고 하고(≪주자어류≫ 권4), 또 "성을 말하면 거기에 곧바로 기질이 포함되고 있다. 기질이 없으면 성이 안착할 장소가 없다."라고 하였다(≪주자어류≫ 권4).

그리하여 주희는 이 양자의 관계를 '본연지성'이 '기질지성'에 떨어져 있다〔墮在〕고 비유하였다. 즉 그는 말하기를 "기질지성이란 다만 이 리理가 기질 안에 '타재墮在'한(떨어져 있는) 것이다. 그러므로 기질에 따라서 스스로 하나의 성性이 된 것이다.……만약 본연지성이 없다면 이 기질지성은 무엇을 따라서 나오겠는가?"라고 하고(≪주자대전≫ 권58, 〈답서자융答徐子融〉), 또 말하기를 "기질은 음양·오행의 작용이요, 성은 곧 태극의 전체이다. 다만 기질지성을 논하면 이 전체가 기질 안에 타재한 것이니, 따로 하나의 성性이 있는 것이 아니다."라고 하였다(≪주자대전≫ 권61, 〈답엄시형答嚴時亨〉). 즉 본연지성本然之性은 기질지성氣質之性과 별도의 다른 것은 아니면서 또 같은 것은 아닌 관계에 있다. 그러므로 양자는 보편과 특수의 관계에 있다.

그리하여 주희는 정자程子가 "성을 논하되 기氣를 논하지 않으면 〈학설이〉 갖추어지지 못하고, 기를 논하되 성을 논하지 않으면 밝지 못하다. 이것을 둘로 보면 안 된다."라고 했다 하고(≪주자어류≫ 권4), 이 설을 부연하기를 "대개 본연지성은 지선至善하지만 기질을 가지고 이것을 논하지 않으면 그 혼명昏明·개색開塞·강유剛柔·강약强弱이 있음을 모른다. 그러므로 갖추어지지 않은 바가 있다.

다만 기질의 성만 논하고 본원으로부터 이것을 말하지 않으면 혼명·개색·강유·강약의 다름이 있음은 알지라도 지선의 근원이 일찍이 다르지 않다는 것은 모른다. 그러므로 그 의논이 밝지 못한 바가 있는 것이다. 반드시 성性과 기氣를 합해서 보아야만 된다. 대개 성즉기性卽氣요, 기즉성氣卽性이다."라고 하였다(≪주자어류≫ 권59). 즉 본연의 성과 기질의 성의 밀접한 관련성, '상즉불리相卽不離'를 인식해야 한다는 것이다.

그러나 주희는 한편 이 기氣가 없어도 이미 이 성性이 있다고 하였다. 그리하여 주희는 말하기를 "천지의 성을 논하면, 전적으로 리를 가리켜 말하고, 기질의 성을 논하면 리와 기를 섞어서 말한다. 아직 이 기가 없는데 이미 이 성이 있다. 기가 존재하지 않았는데 성은 오히려 항상 있다. 그 기 가운데 있다고 하지만 기는 스스로 기이고, 성은 스스로 성이어서 서로 섞이지 않는다. 두루 물物에 체體가 되어 어디에도 있지 않은 곳이 없다는 것을 논하면, 기의 정조精粗를 막론하고 이 리가 있지 않음이 없다."라고 하였다(≪주자어류≫ 권4).

천명의 성은 '성즉리'라고 할 때의 그 '성'으로서 절대성, 순수성을 가지고 있다. 그 경우에 성性과 기氣는 합일되지 않고 성이 기보다 선재先在하는 셈이다. 그러나 구체적 현상으로서의 성은 기 가운데 존재하여 기가 없으면 존재하지 않는다. 성은 기 속에 있다 하면서 또 기를 떠나도 성은 이미 있다고 하였는데, 이는 형식논리상 모순이다. 그러나 이 모순 속에 주자 성론性論의 특성이 있다.

기질지성을 강조하면 현실적으로 다양한 인간의 개별성, 나아가 누구와도 다른 개별적인 실존을 설명할 수 있게 된다. 그러나 실존적인 개인의 기질과 욕망이 조절되지 않는다면 실존의 다양성은 오히려 설 자리가 없게 될 것이다. 이 욕망의 조절에는 다 같이 실현해야 될 보편적 도덕 원리가 요청된다. 주자가 말하는 본연지성은 이러한 원리가 될 것이다.

그러므로 주자는 본연지성과 기질지성을 두개의 별개의 성이 아니라고 하는 것이며, 인간의 본성에는 이러한 양면에서의 고찰이 필요하다고 말하는 것이다. 이것이 주자 성설性說의 핵심이고 맹자의 '성선설'보다 진전된 설명이라고 할 수 있다.

리기론理氣論

주희는 리理와 기氣라는 두 개념에 의해 사물의 생성과 존재를 설명하고, 이 위에서 심성론心性論이나 수양론修養論을 구축하였다. 그러므로 그의 철학을 '리기 철학'이라고 하는 것이며, 그 이후의 유가 철학은 그의 이론에 반대하는 학파(대표적으로 양명학과 청대淸代 대진戴震의 사상)라 할지라도 그의 이론을 토대로 출발하였다.

기는 공기와 같이 눈에 보이는 기체상氣體狀의 그 무엇으로 물질적 근원, 즉 물物을 만드는 소재라고 주자는 생각했다.

이것은 플라톤과 아리스토텔레스가 말한 '질료(Matter)'와 유사한 의미이다. 이러한 사고방식은 중국 고대부터 내려오는 사고방식으로서 자연을 설명하는 유효한 방식이었다. 주희는 이 전통을 계승했다. 근원의 기를 '일기一氣' 또는 '일원一元의 기氣'라고도 하는데, 기에는 음기와 양기라는 대조적인 성격을 가진 기가 있다는 전통적인 생각을 따라 주희도 음양陰陽의 이기二氣를 생각하였다.

그리하여 생성론적으로 말하면 이 기가 움직이고, 그 운동과정을 통하여 천지를 비롯하여 천지간의 만물이 만들어진다고 보았다. 그러므로 주희는 말하기를 "천지가 처음 열릴 때 단지 음양의 기만 있었다. 그 기가 운행하여 이리저리 마찰하는데, 급히 마찰하면 온갖 앙금이 생긴다. 이때 속에서 나오지 못한 것은 중앙에서 땅으로 뭉쳤다. 맑은 기는 하늘·해·달·별이 되어 바깥에서 선회한다. 땅은 중앙에서 움직이지 않고 있는 것이지 아래에 있는 것이 아니다."라고 하였다(≪주자어류≫ 권1).

기에 음과 양이 있는 것은 그 조합의 방식에 따라 만물의 상위相違가 생기고 그 차별의 원리가 된다는 의미를 가지고 있는데, 음양의 기는 다시 수·화·목·금·토의 오행五行을 낳는다. 이것을 기에 대해서 '질質'이라고 한다.

음양은 명암 등과 같이 추상적인 성격이나, 오행은 목질木質, 수질水質과 같이 구체성을 가진 질質이 생각되었다. 질은 기보다 현실의 물物에 한 단계 더 가까이 간 것이지만, '오행의 기氣'라는 말이 있는 것과 같이 오행과 기·질의 관계는 약간 유동적인 부분이 있다.

'기질'이라는 숙어가 있는데, 이것은 물론 '기'와 '질'을 병행한 개념으로서 왕왕히 '믈(물질)의 구성요소'를 의미하는 말로 쓰였다. 그리하여 "오행과 음양의 일곱 가지가 섞여 물을 낳는 재료이다."라고 말하고 있는 바(≪주자어류≫ 권1)와 같이 음양의 기와 오행의 질이 함께 물을 형성하는 소재로 생각되었다.

주희에 의하면 만물의 물질의 면은 기(또는 기와 질)에 의해 구성되지만, 물은 기만으로 성립되고 존재하는 것이 아니다. '리理'가 있으므로 비로소 기가 물을 구성하여 물이 물로서 존재하고, 또 물과 물의 관계가 유지된다. 결국 리에 따라 사물이 성립되고 존재한다.

중국 고대 춘추전국 시대에 공손룡公孫龍은 보편자와 사물간에는 구분이 있다는 것을 알아, '희다'는 것과 '흰 사물'과는 다르다고 한 바 있다. 명가名家였던 공손룡은 서양의 플라톤이 현상계와 예지계叡智界를 구분했던 것과 유사한 생각을 한 것이다.

도가道家 역시 '도道'라는 보편자를 말하는데, 도가의 이 도는 ≪역易≫ 〈계사전繫辭傳〉의 개별적인 도와는 달리 우주만물의 생성과 변화가 유래되고, 그것들을 지배하는 원리, 즉 보편적 원리이다. 공손룡의 '희다'는 것도 이런 보편자인데, 명가는 그 후 더 발전하지 못했다. 도가의 이러한 사고방식은 은연중 역전易傳(역의 해석), 즉 〈계사전〉에 들어갔고, 이 역전을 통하여 천년 뒤 송대에 와서 정주程朱(정자程子와 주자朱子)의 리理의 사상이 다시 전개되었다.

그러나 정주의 리의 사상은 도가의 단일한 원초의 도와는 달리 우주 만물의 하나하나의 사물에 대한 리, 즉 개별 원리에 더 관심을 가졌다. 물론 '태극'과 같은 것, 또는 이 천지가 있기 전에 이 리가 먼저 있었다고 하는 원초적 리, 즉 '우주 시원적 리'에 대한 것은 도가의 도와 유사하다. 그러나 중요한 것은 개별 사물의 존재의 리, 즉 형이상학적 원리로서의 리이다.

정이에 앞서 장재張載는 구체적 사물이 나타났다가 사라지는 것을 기의 이합집산離合集散, 즉 '취산聚散'으로 설명하였다. 그러나 이 이론은 다른 종류의 사물들이 왜 생겨나는가 하는 이유, 즉 존재의 다양성의 이유를 설명하지 못한다. 여기에서 정이와 주희의 리의 사상이 나온 것이다.

정주程朱에 의하면 우리가 보는 우주는 기뿐만 아니라 또한 리의 산물이다. 기의 응집凝集이 리에 따라 상이한 방향으로 일어나기 때문에 상이한 종류의 사물들이 존재한다.

이와 같이 주희에게 있어서 사물은 모두 리와 기에 의해 성립되고 존재하는 것이 된다. 그리하여 사물의 물질의 면은 기에 의해 이루어지고, 그 사물의 존재를 규정하는 근거·원리·법칙이나 사물에 갖추어진 조리 등이 리가 된다. 이 때 사물이 성립하면 그 개개의 사물에는 개별 사물의 리가 있게 된다.

주희 리기론의 리와 기의 개념은 모든 존재를 설명하는 도구이지만, 인간론에 와서는 리는 성性이 되고 기는 기질이 되며, 도덕규범을 말할 때는 리는 인의예지의 덕이 되기도 하고 기는 악의 요소인 욕망(지나친 욕망)이 되기도 한다. 이렇게 리기 개념은 전화轉化하여 폭넓게 상징화되어 쓰인다. 그러나 그 중요한 역할은 형이상학적 개념으로 모든 존재에 대한 포괄적, 연역적 설명을 하는 것이 목적이다.

그런데 중국 전통에는 관념적 리의 개념과 같은 것이 전연 없었던 것이 아니다. 천天(천명天命)이나 도道라고 하는 개념이 많이 쓰였는데, 이것은 추상적 개념으로서 리와 동질성이 있다. 그러나 도는

'도리道理' 등으로 매우 포괄적 의미로 쓰여졌고, 천(천명) 개념은 실제 인간 도덕 원리를 설명하는 등 비교적 단순하게 쓰여졌다.

송대에 와서 도나 천 대신에 리라는 개념이 보편화되었고, 따라서 리는 기와 함께 형이상학적 개념으로 쓰였다. 여기에 한층 '추상성'이 요구되었다. '리기동정理氣動靜' 이나 '리기선후理氣先後' 등의 문제가 생기는 것은 바로 그 때문이다. 그러므로 리의 이해에는 천이나 도에 대한 이해보다 더 깊은 형이상학적 관점이 요구된다.

주희는 말하기를 "천지지간에 리가 있고 기가 있다. 리라는 것은 형이상形以上의 도로서 물物(만물)을 낳는 근본이다. 기라는 것은 형이하形以下의 그릇으로서 물物(만물)을 낳는 도구이다. 그러므로 사람과 물이 생겨남에 이 리를 받은 후에 성性이 있고, 이 기를 받은 후에 형체가 있다. 그 성과 형체가 일신을 벗어나지 않지만, 도와 기 사이에는 경계가 분명하여 혼란시킬 수 없다."라고 하여 리와 기를 형이상의 도와 형이하의 기로, 즉 형이상학적 개념으로 규정하였다(≪주자대전≫ 권58, 〈답황도부答黃道夫〉).

리기선후理氣先後 등 양자의 관계에 대해 주자는 제자들로부터 수없이 많은 질문을 받았다. 이는 형이상학에 대한 표현과 이해의 어려움을 말한다. 주희는 "리는 일찍이 기를 떠나지 않았다.〔理未嘗離乎氣〕"라고 하고(≪주자어류≫ 권1), 그 이유로 "이 기가 없으면 이 리는 의지할 곳이 없다."고 하였다(주희는 '의지할 곳'이란 의미로 '괘탑처掛搭處' 또는 '소부착所附着'이라고 표현하였다). 이는 리와 기의 밀접한 관련성을 말한 것이다.

한편 주희는 리와 기를 하나로 보아서는 안 된다고 하여 “아직 이 기가 있지 않지만 이미 이 성性(이理)은 있다. 기는 있지 않지만, 성은 오히려 언제나 있다. 〈그 성이〉 기 중에 있을 때라도 기는 기이고 성은 성이다. 서로 섞이지 않는다.〔不相夾雜〕”라고 하였다(≪주자대전≫ 권46, 〈답유숙문서答劉叔文書-2〉).

이러한 리와 기의 서로 섞이지도 않으면서 서로 떨어지지도 않는 관계를 설명하기 위하여 주희는 사람이 말을 탄 것에 비유하였다. 즉 “리가 음양에 타고 있는 것은 사람이 말을 타고 있는 것과 비슷하다. 말이 출입하면 사람도 더불어 출입한다.”라고 하였다(≪주자어류≫ 권94).

그러므로 이러한 이해하기 어려운 관계에 있는 리와 기를 올바로 알기 위해서는 ‘이합간離合看’이라는 방법을 사용해야 된다고도 했다(≪주자어류≫ 권74). 그리하여 “형이상과 형이하는 다만 형태로 드러난 곳〔形處〕에서 이합분별離合分別(이간離看하든지 합간合看하든지)해야 된다. 이것이 바로 경계선〔界至處〕이다. 그렇지 않고 만약 〈형이상·형이하를〉 위에 있고 밑에 있다고만 말하면 바로 둘로 나누어져 버린다.”라고 하여(≪주자어류≫ 권94) 이중적 관점이 필요하다고 역설하였다. 주희는 이에 대해 거듭 말하기를 “소위 리와 기는 결단코 두 개의 물건〔二物〕이다. 다만 물物에서 보면 두 가지 물건이 섞여 있어〔渾淪〕 각기 어느 한 곳에 있도록 나눌 수 없다. 그러면서 두 가지 물건이 각기 한 가지 물건인(물건이 되는) 것을 해치지 않는다. 만약 리에서 보면 비록 물이 없으나 이미 물의 리는 있다. 그러나 다만 그 리만 있을 뿐 일찍이 이 물이 있은 적이 없다. 대체로 이러한 곳을 볼 때는 분명하게 보아야 한다. 또 처음과 끝을 겸해야 한다. 그래야 틀리지 않는다."라고도 하였다(≪주자대전≫ 권46, 〈답유숙문서答劉叔文書-1〉). 여기서 처음과 끝을 겸해야 한다는 것은 역시 이중적으로 보아야 한다는 뜻일 것이다.

주희의 이러한 형이상학적 리기론은 리기 관계를 명확히 표현하는 것이 중요한데, 주희의 글을 보면 균형을 유지하려고 고민한 흔적이 역력하다. 그런데 그 요점은 '리기불상리잡理氣不相離雜'으로 명제화할 수 있다.

그런데 이 우주를 기의 생성과 변화로 설명하는 방식은 중국에서 역사가 오래되어 쉽게 이해가 될 수 있지만, 형이상적 '원리'로서의 리라는 형이상학적 개념에 대해서는 불교의 영향을 한번 거쳤다고는 하지만, 이해하기가 용이하지 않았을 것이다. 형이상학적 개념으로서의 리는 추상적 개념임은 물론인데, 그 점이 더욱 이해를 어렵게 한다.

주희는 리에 대해 "리는 마음〔情意〕도 없고, 헤아림〔計度〕도 없고, 만듦〔造作〕도 없다. 이 기의 응결처에 리가 있다. 천지간에 사람과 만물 및 금수초목이 생겨남에 종류〔種〕가 없을 수 없다……리는 하나의 형이상의 깨끗하고 텅 빈 세계〔淨潔空闊底世界〕로서 형태나 자취가 없다. 그것은 무엇을 만들지 못하나, 기는 술을 빚듯 응결하여 물을 만들어낸다."라고 하였다(≪주자어류≫ 권1).

한편 주자는 철저하지 못한 점이 약간 있었다. 그는 기의 조리로서 리를 말하기도 했다. 즉 "음양오행이 서로 섞일 때 조리(법칙성)를 잃지 않는 것이 리이다."라고 했다(≪주자어류≫ 권1). 그러나 이것으로 주희 리기설 전체의 맥락을 손상시킬 수는 없다.

리에 대한 이해의 어려움은 '리기선후' 문제에서 더욱 가중된다. 주희는 리와 기의 밀접한 관계를 말했지만, 리가 기보다 앞선다고 자주 말하였다. 그러므로 주희는 말하기를 "천지가 있기 전에 반드시 이 리가 먼저 있었다."라고 하고(≪주자어류≫ 권1), 또 "만일 산하대지山河大地가 모두 없어져도 리는 오히려 그곳에 있다."라고 하였다(≪주자어류≫ 권1). 이러한 리는 한 사물의 존재 원리를 넘어서서 천지 창조나 우주의 탄생의 근거와 같은 것이다.

유신론의 체계가 없는 데서 태극과 같은 형이상학적 최고 궁극자의 요청이 여기서 필요하게 된다. 이 외에도 주희는 제자들로부터 리기선후에 대해 수많은 질문을 받았다(≪주자어류≫ 권1 참조). 이에 대해 주희는 선후를 말할 수 없지만, 그 근본을 추리해 보면 리가 먼저라고 하지 않을 수 없다고 하였다(≪주자어류≫ 권1).

리에 대한 이해를 더 어렵게 만드는 것에는 또 '리유동정理有動靜' 문제 때문이기도 하다. 물론 주희는 기본적으로 리는 동정(움직임 : 작용)이 없고 기의 동정에 따라 움직인다고 보았다. 즉 그는 말하기를 "〈≪태극도설太極圖說≫에서〉 '양陽은 움직이고, 음陰은 고요하다.'라고 한 것은 태극이 동정한다는 말이 아니다. 다만 리에 동정이 있다는 것인데, 그러나 리는 볼 수 없고, 음양이 있은 다음에 알 수 있다. 리가 음양에 타고 있는 것은 마치 사람이 말〔馬〕을 타고 있는 것과 같다."라고 하였다(≪주자어류≫ 권94).

또 "태극은 리이고, 동정은 기이다.……태극이 사람과 같다면 동정은 말과 같다.……움직이든지 고요하든지〔動靜〕 간에 태극의 미묘함이 없었던 적이 없다."라고 하였다(≪주자어류≫ 권94).

여기서 말과 사람의 비유만 보면 리(태극)는 기의 움직임에 따라 움직인다는 듯이 설명된 것 같지만, 사실은 양자의 밀접한 관계를 말한 것이다. 사실 리기론의 근원인 ≪태극도설≫ 원문에는 '태극이 동하여 양을 낳고,……'라고 하여 마치 태극(리)이 움직이는 것처럼 표현되어 있다. 이렇게 주돈이가 '혼연한 일기一氣'처럼 생각한 '태극'을 주희는 '리'로 해석하여 형이상의 도로 보았다. 주돈이의 ≪태극도설≫ 해석에서 주희는 그의 철학적 안목을 유감없이 발휘하였다.

그러나 주희는 이렇게 말하기도 하였다. 즉 "리에 동정動靜이 있으므로 기에도 동정이 있다. 만약 리에 동정이 없다면 기는 어디서부터 동정이 있겠는가?"라고 하였다(≪주자대전≫ 권56, 〈답정자 상〉). 그러나 주희의 다른 여러 말을 종합하여 보면, 이것은 리에 동정이 있다는 뜻이 아니라 기의 동정에 리의 동정이 밀접히 관련되어 있다는 것을 의미한다. 예를 들면 "이 동動의 리가 있으므로 동하여 양을 낳고, 이 정靜의 리가 있으므로 정하여 음을 낳는다. 이미 동하였으면 리는 동 중에 있고, 이미 정하였으면 리는 정 중에 있다."라고 하였다(≪주자어류≫ 권94).

후세 주희를 해석하는 사람들이 왕왕 이 리의 동정 문제에 혼란을 일으켰다(특히 퇴계의 '주리론主理論'). 이는 주희 형이상학에 대한 이해의 부족, 즉 리에 대한 이해의 부족에서 유래하지만, 그럴 만한 사유 또한 없지 않다. 주자학의 체계가 존재와 당위를 일치시켜보는 중세적 자연법사상이므로 도덕에 있어서는 리는 당위규범, 그 근거로서의 가치 실재의 모습으로 나타나므로 리를 결코 무위한 존재로 볼 수 없었던 것이다.

특히 리가 고대의 천〔天命〕이나 도의 다른 이름이라면 더욱 리의 존재와 작용에 주목하지 않을 수 없었을 것이다. 또 성리학자들은 자연을 유기체르 보았으므로 '필연'의 관점에서 많이 관찰하였다. 자연현상은 '원래 그러하다'는 필연성으로 언제나 귀착되었다. 이는 근대 자연과학적 자연 탐구방법이 나오기 이전에는 동서 보편적 자연 관찰법이었다. 그러므로 성리학은 중세 신학적 성격이 있다고 하는 것이다.

이 때 '원래 그러하다'고 하는 것을 '이치상 그러하다〔理……〕'라고 흔히 말하였다. 물론 '이치상'이라는 표현과 '리'라는 개념은 서로 다르지만, 발상은 같은 것이다. 그런 점에서 주자학의 일면만 보면 마치 '범리론汎理論'처럼 보이게 된다. 주자가 모든 사물에 리가 있다고 한 것을 보면 '물성物性'이라는 자연계의 필연성을 두고 한 말 같은데, 이는 귀납적 과학과는 달리 리를 가지고 만물을 설명하는 연역적 방법이다.

동시에 그 물은 그러한 성性이 있으니까 '마땅히' 그렇게 있어야 한다는 당위성까지 포함하고 있다. 즉 그는 말하기를 "계단의 벽돌에는 벽돌의 리가 있고, 대나무 의자에는 대나무 의자의 리가 있다."

라고 말하였다(≪주자어류≫ 권4). 또 "무생물〔無情之物〕에도 리가 있는데, 배는 물에서만 운행하고, 수레는 뭍에서만 다니는 것과 같은 것이 그것이다."라고 하였다(≪주자어류≫ 권4). 그러나 주희 리기론은 분명 형이상학적 관점에서 해석해내어야 정확하게 이해할 수 있음은 물론이다.

주희의 리를 이해하기 위해서는 주희가 이 우주를 어떻게 보았는가 하는 점도 고려되어야 한다. 그는 이 우주는 종말이 없다고 보았다. 이것 역시 리와 기로써 설명할 수 있다.

그는 말하기를 "(문) : 세상이 생긴지 1만년이 되지 않았는데, 그 이전은 어떤지 모르겠습니다. (답) : 그 이전에도 틀림없이 지금처럼 한 차례 개벽開闢했을 것이다. (문) : 천지(우주)가 무너지기도 합니까? (답) : 무너지지 않는다. 다만 사람들이 매우 도가 없으면 한꺼번에 쌓였다가 한 차례 뒤섞여서 사람과 외물이 모두 없어지겠지만, 다시 새롭게 태어난다."라고 말하였다(≪주자어류≫ 권1).

≪역≫에서 말한 바와 같이 천지의 큰 역할은 이 우주가 끊어지지 않게 하는 것이다. 즉 '생생불식生生不息'하는 것이다. 이것이 기의 역할이고, 따라서 리 또한 영원하다고 본 이유이다. 이 우주에 대한 이러한 낙관적 견해는 그 배후에 당연히 리의 무궁함을 상정하지 않을 수 없다. 이 리의 포괄자가 '태극'이 되는 것이다. 그러므로 태극론은 주희 형이상학에 있어 최고 궁극자를 다루는 종교적 영역을 이루고 있는 것이다.

수양론修養論

주희의 수양론은 '주경함양主敬涵養'과 '격물치지格物致知' 두 가지라고 할 수 있다. '주경'은 '거경居敬'이라고 하기도 하고, 격물치지는 '궁리窮理'라고 하기도 한다. ≪대학≫ 주석에서 주희가 격물을 '궁리'라고 해석한 이후 주희 학문의 요점을 '거경궁리居敬窮理'라고 해왔다(황간黃幹의 〈주자행장〉).

먼저 주경함양에 대해 말해 본다. 주돈이가 수양론으로 제시한 것은 무욕無欲에 의한 '주정主靜'이었고, 정이는 '경敬'을 주장하였다. 그러므로 주희의 주경은 정이와 그의 제자들의 수양론을 계승하고 자기 체험을 더하여 집대성한 것이다. 주희의 주경함양은 광의의 의미와 협의의 의미가 있다. 협의로 말하면 전적으로 '미발'의 공부를 말하는 것으로 '격물치지'와 상대되는 것이나, 광의로 말하면 이발, 미발을 관통하는 것으로 수양 과정 전체를 말하는 것이다.

주희는 '주경主敬'에 대해 "경이란 어떤 것인가? 오직 삼가고 조심한다〔畏〕는 말과 같을 뿐이다. 귀에 들리는 것도 없고 눈에 보이는 것도 없이 나무토막처럼 가만히 앉아 전혀 아무 일도 살피지 않는 것을 말하는 것이 아니다. 오로지 심신을 수련하고, 정제整齊하며, 순일純一하게 하여 방종하지 않는 것이 바로 경이다."라고 말하였다(≪주자어류≫ 권12).

또 말하기를 "경은 만사를 내버려 두는 상태를 말하는 것이 아니다. 오직 일에 따라 전일專一하게 삼가 조심하면서 마음을 풀어놓지 않는 것이다."라고 하고(≪주자어류≫ 권12), 또한 "경이란 오로지 늘 깨어 있는 방법으로서 '고요함 속에서 깨달음이 있다.'고 하는 것이다."라고 하였다(≪주자어류≫ 권62).

주희가 이와 같이 말하는 '주경'에는 다음과 같은 의미가 들어 있다.

첫째, '수렴한다'는 의미다. 이는 심신을 안으로 거두어 방종하거나 산만하지 않도록 하는 것이다. 즉 '정신을 수습한다'고 말할 수 있다. 이는 정이程頤의 제자 윤돈尹焞의 설에서 나왔다.

둘째, '삼가고 조심한다〔謹畏〕'는 의미이다. 이는 내심을 늘 '경외敬畏'의 상태로 유지시키는 것이다. 조심한다〔畏〕는 것이 어떤 대상에 대한 두려움을 말하는 것은 아니다.

셋째, '깨어있다〔惺惺〕'는 의미이다. 이는 내심을 언제나 경각警覺의 상태로 유지시키는 것이다. 이를 '분발시킨다'고도 말하는데, 게으른 상태에 비해 상대적으로 긴장된 상태를 의미한다. 이는 사량좌謝良佐에서 나왔다.

넷째, 마음을 한 곳에 '집중한다〔主一〕'는 의미이다. 이는 바로 전일하고 순일하며 흩트러지지 않는 것이다.

다섯째, '정제엄숙整齊嚴肅한다'는 의미이다. 넷째, 다섯째는 정이程頤에게서 직접 나온 것이다.

앞의 네 조목은 내부의 경이고, 다섯째 조목은 외부의 경이라고 할 수 있다. 주경의 가장 기본적인 요구는 안으로 헛된 생각(소위 잡념)을 없애고, 밖으로 함부로 행동하지 말라는 것이다.

주희가 이발과 미발을 구분하면서 미발 때의 함양涵養 공부를 중시하였기 때문에 미발일 때의 주경主敬 공부를 특별히 강조하였다. 미발일 때의 주경이란 사려와 감정이 아직 발생하지 않았을 때에도 수렴하고 삼가 조심하는 일종의 각성, 또는 긴장 상태를 유지하려고 노력함으로써 최대한도로 생각과 정서를 평정시키는 일이다.

여기서 사려와 감정이 아직 발생하지 않았을 때라는 것은 외부 사물이나 조건에 대하여 마음이 직접적 작용을 일으키지 않을 때를 말한다. 사실 마음은 외부 사물을 대하지 않는다 하더라도 '지향성(intentionality)'이 있어 마음속에서 스스로 온갖 사념, 즉 어떤 지향이 있기 때문이다.

이 미발일 때의 주경 공부는 덕성을 함양시킬 뿐만 아니라 '격물치지'를 위한 조건을 준비하는 것이기도 하다. 만일 주경하지 않는다면 격물치지하는 수양 주체가 마음이 산란해져 사물의 리를 제대로 인식하지 못한다는 것이다.

그러나 주희는 경敬이 동정動靜을 관통한다고 주장했기 때문에 그가 말하는 주경主敬은 치지致知를 위한 준비과정에만 그치는 것은 아니다. 주경은 지知와 행行, 미발과 이발 전 과정에 관철되어야 하는 것이다. 다시 말하면 수렴·삼가 조심함·경계하고 살핌·한 곳에만 집중함·엄숙함 등이 격물치지에서부터 치국과 평천하에 이르기까지 모든 과정에 관철되어야 한다는 것이다.

주희의 제자 면재勉齋 황간黃幹은 "그의 학문은 궁리하여 지식을 넓히고, 스스로 반성하여 실질적인 것을 실천하는 것이었다. 그 중에 거경居敬은 처음부터 끝까지 언제나 중요한 근거였다. 그는 '경으로 치지하지 않으면 혼란되고 의혹되어 의리의 취지를 살필 수 없으며, 경으로 몸소 실천하지 않는다면 게으르고 방자해져서 참된 의리에 이를 수 없다.' 하였다."라고 말하였다(황간黃幹, 〈주자행장〉; 왕무횡王懋竑, 〈주자연보〉 권4).

수양론에 또 하나 중요한 방법은 '격물치지'이다. 여기에는 오늘날의 인식론적인 사상이 들어 있으나, 광의로 보면 역시 수양론이라 할 수 있다. 그것은 유학은 물론 주자학이 도덕 실천에 중점을 두었기 때문이다.

정이程頤가 일찍이 ≪대학≫의 격물치지를 중요시하여 "〈마음을〉 함양涵養할 때는 반드시 경敬을 사용해야 하며, 학문을 이루어나가는 일은 치지致知에 달려 있다."라고 하였다(≪이정전서≫ 권18). 정이의 이러한 격물 사상을 주희는 충실히 계승하여 발전시킴으로써 마침내 주자학 체계 내에서 '격물설'은 중요한 특징을 이루게 되었다.

주희가 ≪대학≫을 면밀히 검토하면서 '격물보전格物補傳'(격물치지 조목에 해석〔傳〕이 빠졌으므로 그것을 보충함)을 지은 것이 그 증거이다. 뿐만 아니라 왕수인王守仁과의 사상적 차이가 난 것도 바로 이 격물설에서 시작된 것만 보아도 주희 사상에서 이 격물설이 차지하는 비중을 알 수 있다.

주희는 격물에 대해 해석하기를 "격格이란 이른다〔至〕는 뜻이고, 물物이란 사事와 같다. 사물의 이치를 끝까지 궁구하여 그 지극한 곳에 이르지 못함이 없도록 하려는 것이다."라고 하였다(≪대학장구≫ 제1장).

주희가 이해한 '격물'에는 세 가지 요점이 있다.

첫째, 물物에 나아간다는 것, 즉 '사물과 접촉'하는 것이다.

둘째, 궁리한다는 것, 즉 사물의 '이치를 탐구한다'는 것이다.

셋째, '지극함〔至善〕'에 이른다는 것이다. 결국 격물의 기본적인 의미는 구체적인 사물에서 이치를 알아내야 한다는 것이다.

그러므로 주자는 '치지'라는 말을 풀이하기를 "치致는 끝까지 밀고나간다는 뜻이고, 안다는 것〔知〕은 깨닫는다〔識〕는 뜻과 같다. 나의 지식을 끝까지 밀고나가서 그 앎을 다하지 않음이 없도록 하려는 것이다."라고 하였다(≪대학장구≫ 제1장).

그런데 격물과 치지는 별개의 일이 아니고 동시에 일어나는 일로서 양면에서 말한 것이라고 주희는 생각했다. 그러므로 주희는 "격물할 수 있으면 치지는 저절로 되는 것이니, 별개의 일이 아니다."라고 하였다(≪주자대전≫ 권51, 〈답황자경答黃子耕〉).

따라서 '치지'는 주체가 물의 이치〔物理〕를 탐구하여 얻게 된 지식의 확충의 결과를 의미할 뿐이다. 치지는 격물의 목적이자 결과이다. 치지란 주체가 인식활동에서 얻은 지식의 성과를 의미할 뿐이므로, 사물에 직접 나아가 탐구하지 않으면 지식을 확충할 수 없다는 점을 주희는 강조하였다.

주희는 모든 사물에 이치가 보편적으로 존재한다고 생각했는데, 그렇다면 격물의 대상은 어떤 것일까? 주희가 말하는 격물의 대상은 매우 광범위하다. 그러므로 주희는 말하기를 "그 힘 써야 할 것을 말하자면 어떤 때는 일의 결과를 생각해서 해야 하고, 어떤 때는 은미한 사려(생각)를 살펴야 하며, 어떤 때는 문자에서 추구해야 하고(독서를 말함), 또 어떤 때는 강론講論에서 찾아야 한다. 심신心身과 성정性情의 덕, 일상적인 인륜에서부터 천지귀신의 변화, 조수鳥獸와 초목草木의 이치에 이르기까지 사물의 당연히 그러함과 그러한 까닭을 깨달아야 한다."라고 하였다(≪대학혹문≫ 권2).

주희의 생각에, 격물의 대상은 지극히 광범위하여 위로는 우주 본체에서부터 아래로는 풀 한 포기나 나무 한 그루에 이르기까지 그 리는 모두 탐구되어야 한다는 것이다. 대상의 광범위는 격물 방법의 다양성을 결정한다. 그 방법 중에서 중요한 것은 서적을 읽는 것, 사물과 직접 접하는 것, 그리고 도덕을 실천하는 것 등을 들 수 있다.

격물의 최종적인 목표는 사물의 그러한 까닭〔所以然〕과 마땅함〔所當然〕을 이해하는 것이다. '소이연'과 '소당연'은 모두 리를 의미한다. 소이연은 주로 사물의 보편적인 본질과 규율을 의미하고, 소당연은 주로 사회의 윤리원칙과 규범을 의미한다.

소이연은 사물의 존재의 원리적인 것, 소당연은 그 소이연에 따르는 올바른 모습을 말한다. 그러므로 소이연과 소당연은 별개의 것이 아니고, 사물의 모습을 두 측면에서 말한 것이다. 그러나 격물궁리의 중간 과정이 포괄하는 범주 속에 사물의 규율과 본질에 대한 인식이 포함되기 때문에 지식을 확충하는 데 필요한 방법으로서 '견문지지見聞之知'를 적극 긍정하였다.

이는 분명 지식 추구의 경향을 드러낸다. 유교의 특성상, 보편적인 사물의 지식이라 해도 결국 격물의 대상은 오늘날로 말하면 '인

사人事의 의칙儀則', 즉 인간사의 예법적 규범, 법률적 제규정이 많은 부분을 점한다고 할 수 있다.

주희는 ≪대학≫을 주석하면서 전해 내려온 본문에는 원래 있었던 격물에 대한 해석이 유실되었다고 생각했다. 그래서 그는 정이의 격물설에 근거하여 '격물보전格物補傳'을 지었던 것이다. "치지가 격물에 있다고 함은, 나의 앎을 극진히 하려면 사물에 나아가 그 리를 궁구해야 함을 말하는 것이다. 마음의 영명함은 사물을 알지 못할 것이 없고, 천하의 사물은 이치를 갖추지 않은 것이 없다. 아직 탐구되지 않은 이치가 있기 때문에 그 앎도 완전하지 못한 것이다.

그래서 ≪대학≫의 첫 가르침은 학자로 하여금 반드시 천하의 사물에 나아가 자신이 이미 알고 있는 이치에 의하여 더욱 탐구하여 그 지극한 데까지 이르도록 하려 한 것이다. 오래도록 힘쓰면 어느 순간 확 트여 관통貫通하게 된다. 그러면 사물의 표리정조表裏精粗에 이르지 못할 것이 없게 될 것이고, 내 마음의 전체대용全體大用은 밝게 되지 않을 수 없다.'(≪대학장구≫ 〈격물보전〉)

여기서 앎은 주체에 속하는 것이고, 리(이치)는 객체에 속하는 것이다. 격물의 최종 목표는 우주의 보편적인 리를 인식하는 것이다. 그런데 한 사물을 탐구한다고 하여 곧바로 보편적인 리를 파악할 수도 없고, 천지 만물의 리를 일일이 탐구할 수도 없다. '리일분수理一分殊'의 원리에 의하면 구체적인 사물의 물리(사물의 이치)나 윤리에는 각기 차이가 있으며, 동시에 그 모두는 보편적이고 통일적인 우주 원리가 표현된 것이기도 하다.

따라서 하루 하루 사물의 개별적인 리를 탐구하여 누적된다면 보편적인 리를 발견하게 된다는 것이다. 이러한 양적 누적적 격물의 집적은 나중에 어느 단계에 가서는 '활연관통豁然貫通'이라는 질적 비약을 이루어 만물의 보편적인 공통성을 알게 된다는 것이다.

주희의 이 격물치지설에는 심신과 마음의 덕을 성찰하는 측면이 포괄되어 있긴 하지만, 외재外在 사물에 대한 탐구를 한층 더 강조하였으며, 방법론적으로 지식의 확충을 강조하였다. 이러한 그의 학설에는 인식론적인 특성으로서 주·객의 문제 등, 인식의 객관적인 법칙과 변증법적인 과정을 내포하고 있기도 하다.

뿐만 아니라 사물을 객관적으로 인식한다는 인간의 이성을 긍정하였으며, 또 그 이성이 선험적으로 갖추어져 있다고 하여 인식의 주체성을 강조하였다.

그러나 이 인식 주체는 근대적인 의미의 단순한 인식주관에만 그치는 것은 아니고, 선험적인 도덕의 주체 의미가 동시에 있는 것이다. 그러므로 주희의 격물치지설은 일종의 수양론인 것이다. 이러한 주지적인 인식론적 특성을 일부 가진 주희의 격물치지설은 분명 주자학의 한 특성을 이룬다고 할 수 있다.

| 제4장 |

퇴계退溪 이황李滉의 생애와 사상

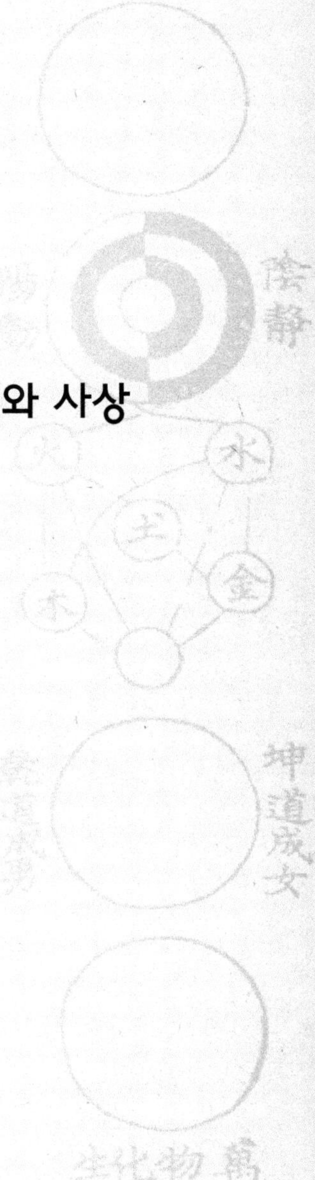

1. 퇴계의 생애

퇴계 이황

퇴계의 성은 이李, 이름은 황滉, 자는 경호景浩요, 관향은 진성眞城이다. 연산군 7년(1501년)에 탄생하여(11월 25일) 선조 3년(1570년)에 서거하였다.

퇴계의 생애는 크게 3단계로 나눌 수 있다.

제1기는 초년기로서 그의 출생에서 33세 되는 해까지로 과거에 급제及第하여 관로官路에 나가기 전까지의 기간인데, '수학修學 시기'라고 할 수 있다.

제2기는 중년기로서 34세 급제하여 벼슬길에 나간 때부터 49세 9월 사직을 청한 때까지인데, '출사出仕 시기'라고 할 수 있다.

제3기는 말년기로서 그가 50세 되던 해 정월에 경상감사의 허락 없이 임소任所를 떠난 때로부터 70세 세상을 떠난 때까지인데, '은거강학隱居講學 시기'라고 할 수 있다.

수학시기

연보에 의하면 그는 시조 이석李碩의 7세손인데, 석碩은 여말에 진보현리眞寶縣吏로서 사마시司馬試에 합격하였다. 아들 자수子修의 영달로 봉익대부奉翊大夫에 추봉되었다. 자수는 통헌대부通憲大夫로 있다가 홍건적의 난을 평정함으로써 안사安社 공신의 호를 받고, 송안군松安君에 피봉되었다. 송안군이 안동군 풍산현에 옮겨왔고, 조부되는 진사 계양繼陽 때에 이르러 예안현禮安縣 온계리溫溪里에 자리잡게 되었다.

아버지 식埴은 진사로서 퇴계가 출생한 다음 해 6월에 40세로 일찍 세상을 떠났다. 그는 당시 예조정랑 김한철金漢喆(예조정랑, 춘추관기주관記注官)의 딸에게 장가들어 3남 1녀를 낳았으나, 한 자녀는 미성년에 조졸早卒하고, 잠潛과 하河 두 아들과 딸을 남겨두고 김씨 부인은 29세로 세상을 떠났다. 다시 별시위別侍衛 박치朴緇에게 장가들어 아들 4형제를 낳았는데, 맏이는 의漪요, 둘째는 해瀣요, 셋째는 징澄이요, 넷째가 황滉(퇴계)이다.

퇴계의 아버지 식은 아우 우堣(호 송재松齋)와 더불어 학문에 관심이 많았으나, 진사에 그치고 말았다. 그가 평소 학문에 관심이 많았던 것은 초취初娶 부인 김씨의 아버지, 즉 장인 김한철金漢哲의 많은 서책이 그에게 물려진 것이 중요한 계기가 되었다. 퇴계 역시 이러한 교육환경을 이어받았다고 할 수 있다.

퇴계의 교육환경에 영향을 준 요인 중 또 한 가지는 어머니의 각별한 자녀교육에의 관심이었다. 거기다 숙부 송안군 우堣의 호학好學 정신이었다. 실제 퇴계는 소년기에 숙부의 훈도를 받았다.

연보에 의하면 14세 때 도연명陶淵明의 시를 매우 좋아했다고 한다. 이후 중년에 이르러 성리학性理學, 주자학朱子學에 침잠하기 전까지 그는 시문詩文에 힘썼다.

그가 18세 때 지었다는 자연을 읊은 시詩는 다음과 같은 것이다.

이슬 띤 풀잎은 싱싱하게 물가를 둘렀는데,
작은 못 물은 맑아 모래 하나 없네.
저 구름 저 새는 원래 인연 있지만,
다만 때때로 제비가 물결 칠까 걱정이네.

露草夭夭繞水涯, 小塘淸活淨無沙.
雲飛鳥過元相管, 只怕時時燕蹴波.

≪퇴도선생언행통록退陶先生言行通錄≫ 권6

여기에 이미 도학시道學詩(이취시理趣詩)의 풍격이 나타나 있다. 또 19세 때는 ≪성리대전≫을 읽고, 자기의 감회를 다음과 같이 읊었다.

숲 속의 초가집에서 만권서적 홀로 즐기며,
도를 좋아하는 마음 10여년이 다 되었네.
요새 와서 겨우 도의 근원과 마주친 듯한데,
모든 것은 내 마음 뿐, 태허를 거기서 보네.

獨愛林廬萬卷書, 一般心事十年餘.
邇來似與源頭會, 都把吾心看太虛.

≪퇴도선생언행통록退陶先生言行通錄≫ 권6

여기서도 '간태허看太虛'라고 하는 성리학적인 용어를 쓰고 있는 것이 흥미롭다.

20세 때에는 ≪주역≫을 읽었는데, 너무 과로하여 병이 날 정도였다.

21세에 부인 허씨와 결혼하여 23세에 아들 준寯을 낳고, 그해에 서울 태학(성균관)에 유학하였다. 당시 기묘사화 직후라 성균관에서도 도학道學을 기피하는 경향이 있어 선비 기풍이 별로 좋지 않았다. 그리하여 퇴계는 하서河西 김인후金麟厚와 지기知己 관계를 맺었다.

27세에 향시鄕試에 응시하였다. 그 해 아들 채寀가 태어나고, 허씨 부인을 상배喪配하였다. 30세에 권질權礩의 딸과 재혼하였고, 34세에 대과大科에 급제, 벼슬길에 나서게 되었다.

출사시기

퇴계가 34세에 출사하여 벼슬을 그만두기로 결심한 49세까지의 벼슬살이의 내역을 보면, 단양, 풍기 군수의 두 외직外職을 제외하면 총 14개 아문衙門에서 29종의 벼슬을 하였다. 그 중에서 재직 기간이 제일 긴 것으로는 본직에 있어서 홍문관 30개월이 제일 길고, 겸직에 있어서는 승문원 31개월이 또 장기간이다. 그 다음은 경연 겸직 24개월, 춘추관 겸직 21개월이다. 결국 퇴계는 홍문관(왕명 제술 관장)·승문원(외교 문서 관장)·경연(경전 진강進講)·춘추관 네 관아를 중심으로 벼슬살이를 한 셈이다.

은퇴 강학시기

48세 정월에 단양군수를 배수하고 9개월 재직한 다음 10월부터 풍기군수로 옮겨 만 1년 있다가 49세 되던 해 9월 경상감사에게 사직서를 내고 귀향하였다. 그렇다고 하여 정계와 완전히 손을 끊은 것은 아니었다. 49세에서 70세 서거까지 향거鄕居와 경거京居는 교차되는데, 52세에 약 4년 유경留京한 것을 비롯 간헐적으로 유경留京하여 도합 5년여에 이르지만, 전체적으로 보면 15년에 걸친 향거의 기간이라 할 수 있다.

퇴계가 은퇴하기로 마음먹은 이유는 당시 외척정치에 대한 불만이다. 을사사화·정미사화로 얼룩진 당시의 정계는 외척이 정치를 농간하고 있었다. 그러나 정미사화 후 문정대비의 섭정이 끝나고 명종이 친정하여 차차 정계가 안정되어 가는 시기에 접어들어서도 퇴계는 여전히 출사하지 않으려고 하였다. 그리하여 당시 사류들간에 퇴계의 이러한 소극적 태도를 두고 의론이 분분하였다.

한편 퇴계의 입장을 보면, 퇴계는 늦게 성리학에 관심을 가져 그때에는 이미 성리학과 주자학에 침잠하여, 그것의 연구와 교육을 자기의 여생의 사업으로 여기고 있었기 때문에 사로仕路에 소극적일 수밖에 없었다.

퇴계는 43세 때에 처음 ≪주자대전≫을 읽어보고 여생을 이 주자학(도학)을 연찬하는 데 경주하기로 작정하였다. 그리하여 안동부安東府 예안현禮安縣 온계리溫溪里 온계溫溪 하류에 양진암養眞庵을 짓고, '온계溫溪'의 속명인 '토계兎溪'를 따다가 '퇴계退溪'라고 고치고, 그것을 자호自號로 하였다. 이때의 심경을 퇴계는 이렇게 읊었다.

몸이 물러나니 내 분수에 편안하고,
학문이 뒤늦으니 나이 늙어 걱정이네.
시내 언덕 위에 거처할 곳 정하고,
흐르는 물가에서 날마다 반성해보네.

身退安愚分, 學退憂暮境.
溪上始定居, 臨流日有省.

≪퇴계전서≫ 권1, 〈시詩〉

강세황姜世晃의 〈도산서원도〉

50세 되던 해에 한서암寒棲庵을 짓고, 이곳에서 5년 동안 거처하다가 독서당[정습靜習]이 비좁아 학도들을 다 수용할 수 없게 되자 도산陶山 남쪽에 '도산서당陶山書堂'을 지었다. 이곳에서 학도들을 가르치며 만년을 보냈다. 이곳의 생활은 '도산잡영陶山雜詠'과 '도산십이곡陶山十二曲'에 잘 나타나 있다. '완락재玩樂齋'라는 제목의 시에서 퇴계는 성리학을 공부하는 기쁨을 이렇게 표현하였다.

> 경을 주로 해도 집의集義 공부는 필요하니,
> 잊지도 말고 조장하지도 말고 점차 융통해야 하네.
> 마침 염계 선생의 태극의 묘함에 이르러서는,
> 천년 뒤에도 이 즐거움이 같다는 걸 알았네.
>
> 主敬還須集義功, 非忘非助漸融通.
> 恰臻太極濂溪妙, 始信千年此樂同.
>
> ≪퇴계전서≫ 권1, 〈시詩〉

퇴계는 도산에서 20년간 은거하면서 많은 학문적 업적을 쌓아 올렸다. 그것을 연차순으로 열거하면 다음과 같다.

53세 〈천명도설후서天命圖說後序〉(정지운鄭之雲의 〈천명도설〉에 대한 발문)
54세 〈연평답문발延平答問跋〉(주자의 ≪연평답문≫에 대한 발문)
55세 청량산淸凉山 유람 시詩
56세 ≪주자서절요朱子書節要≫(주자의 편지글 발췌)
57세 ≪계몽전의啓蒙傳疑≫(주자의 ≪역학계몽易學啓蒙≫에 대한 주석)
58세 〈자성록서自省錄序〉(은퇴 이후 서신 중 학문에 관한 것 모음, 그것의 서문)
59세 ≪송계원명리학통록宋季元明理學通錄≫ 착수(송에서 명까지의 철학사)

60세 기대승奇大升과 '사단칠정논변四端七情論辨' 시작(8년간 계속)
61세 〈도산잡영陶山雜詠〉
64세 〈심무체용변心無體用辨〉, 〈조정암행장趙靜庵行狀〉
66세 〈회재선생행장晦齋先生行狀〉, 〈심경후론心經後論〉, 〈양명전습록변陽明傳習錄辨〉
67세 〈무진육조소戊辰六條疏〉, ≪성학십도聖學十圖≫
70세 ≪사서석의四書釋義≫

2. 퇴계의 사상

퇴계의 사상 형성

퇴계가 성리학에 취미를 갖게 된 것은 ≪심경부주心經附註≫와 ≪성리대전性理大全≫, 그리고 ≪주자대전朱子大全(문집文集)≫을 읽은 데서 시작되었다. 이 세 책이 퇴계 학문 형성에 큰 역할을 한 것이라고 할 수 있다. 문인 간재艮齋 이덕홍李德弘의 기록에 의하면 퇴계는 이 ≪심경≫을 얻고부터 심학心學의 연원과 심법心法의 정미함을 알고 평생 이 책을 신명 같이 믿고 엄한 아버지 같이 존경했다고 한다. 또 문인 학봉鶴峯 김성일金誠一의 기록에 의하면 신유년 겨울 선생이 도산에 계실 때 새벽에 일어나 이 책을 한 번 크게 소리 내어 암송하였다고 한다(≪퇴계언행록≫ 권1).

이 책은 주자의 사숙 문인 서산西山 진덕수眞德秀가 지은 ≪심경≫에 명대 주자학자 황돈篁墩 정민정程敏政이 주를 붙인 것이다.

이 책은 서명이 지시하는 바와 같이 ≪고문서경古文書經≫ 〈대우모편大禹謨篇〉에 실린 '인심유위人心惟危, 도심유미道心惟微, 유정유일惟精惟一, 윤집궐중允執厥中'을 비롯해서 ≪역易≫, 사서四書에서 수양에 관한 문장을 뽑고, 거기에 주염계周濂溪, 정자程子, 주자의 글 중에서 심성 함양에 도움이 되는 잠명箴銘의 글을 모아놓은 책이다.

잠문箴文이나 명문銘文은 운율이 있는 문장이므로 외우기가 좋은 것일 뿐만 아니라 그 내용이 모두 수양에 관한 격언이다.

이 책을 숭상했다는 것은 퇴계가 '심학心學'이라는 측면에서 주자학을 받아들이고 있음을 나타낸다. 실제로 퇴계는 자신이 이 책을 소중하게 여기는 것은 물론 문인들에게도 이 책을 읽으라고 많이 권장하였다. 또 이 책이 편집 체계가 없고 내용상 적합하지 못한 것도 있다고 한 비난에 대해 자기는 그렇게 생각하지 않는다고 극력 변호하였으며, 나중에는 〈심경후론心經後論〉까지 써서 부주附註를 한 정민정程敏政이 비록 육상산陸象山에 가까운 혐의가 있으나, 그가 채록한 글은 모두 성현의 교훈(경서經書의 글)이고, 주로 인용된 글 역시 북송 여러 성리학자(염락관민濂洛關閩)의 사상이므로 자기는 이 책에 대한 믿음과 존경에 변함이 없다고 하였다(〈심경후론心經後論〉). 이것을 보면 그가 이 책의 영향을 얼마나 크게 받았는가를 잘 알 수 있다.

그 다음으로 퇴계 학문 형성에 영향을 준 것으로는 ≪성리대전≫

이 있다. 역시 문인 이덕홍李德弘의 기록에 의하면 그는 이 책을 읽어보니 마음이 기쁘고 눈이 열리는 듯하였고, 오래 두고 읽으니 뜻이 점차 분명해져 성리학의 입문을 얻은 것 같았으며, 비로소 성리학의 체계가 특이함을 알게 되었다고 하였다.

그는 19세 때 ≪성리대전≫ 앞뒤 2권 낙질을 얻어 보았다고 한 적이 있다. 이 책은 명대 호광胡廣 등이 칙명으로 편찬한 책으로 총 70권인데, 1권부터 25권까지는 주염계周濂溪, 정명도程明道, 정이천程伊川, 장횡거張橫渠, 주자, 채원정蔡元定 등의 저술을 그대로 전재하고, 26권부터는 그들의 글을 리기理氣, 귀신鬼神, 성리性理, 도통道統 등으로 분류하여 실어 놓았다.

〈성학십도〉 중 제1태극도

이 책은 성리학을 체계적으로 정리한 저술이므로 자연과 인생을 통합적으로 설명하려는 성리학의 본래 목적을 알 수 있을 뿐만 아니라, 우주와 역사에 이르기까지 백과전서식百科全書式으로 많은 자료가 나열되어 있어 종합적이고 계몽적인 지식을 얻을 수 있는 좋은 안내서였다. 퇴계는 이 책의 ≪태극도설太極圖說≫은 자기 학문이 입문한 곳이라 하기도 하고, 제자들에게 ≪태극도설≫, ≪서명西銘≫, ≪역학계몽易學啓蒙≫ 등을 가르치면서 학자는 먼저 학문의 체계와 근원처를 알아야 한다고 하였다.

퇴계는 ≪심경부주≫와 ≪성리대전≫을 읽고 난 뒤 주자학에 큰 관심을 가지고 ≪주자대전朱子大全≫ 전체를 구해 읽으려 하였으나 구하지 못하던 중 나이 43세 되던 해인 중종 38년에 왕명에 의해 ≪주자대전≫이 간행되자 이를 서울에서 구입하여 고향으로 돌아와 문을 걸어 잠그고 읽었다고 한다. 또 기록에 의하면 퇴계 집에 주자서朱子書(주자의 문집) 사본寫本 1질이 있었다고 한 것으로 보아 주자서를 간본 이전에 이미 읽었음을 알 수 있다.

그러나 간본을 얻어 주자문집 전체에 대한 본격적인 독서는 40여세 이후로 상당히 늦었던 것 같다. 퇴계가 매양 벼슬을 사양하고 고향에 돌아가려고 한 것도 이 때문이었음은 물론이다.

퇴계는 제자들에게 학자가 도에 들어가는 문을 알려면 반드시 이 책을 읽어야 된다고 하고, 이 책을 읽으면 학문하는 방법은 물론 사람을 분발하게 만든다고 하였다. 또 제자들의 기록에 의하면 퇴계는 모든 행동의 예절과 출처의 대의를 이에 의거하였고, 사람들이 혹 질의를 할 때면 반드시 이 책에 의거하여 대답하였다고 하였다. 이와 같이 퇴계는 주자서朱子書를 토대로 그의 학문뿐만 아니라 일거수일투족을 이에 의거하여 하였던 독실한 주자학자였던 것이다. 그리하여 그는 마침내 제자들을 가르치기 위하여 ≪주자문집≫ 중에서 주자의 편지글을 간추려 ≪주자서절요朱子書節要≫(14권 7책)를 편찬하였던 것이다.

퇴계가 이와 같이 주자학을 연구하면서 더 나아가 주자의 학통을 정리할 필요를 느꼈다. 그 결실이 ≪송계원명리학통록宋季元明理學通

錄≫이다. 이 책은 주자 이후 주자학자의 전기와 학설을 여러 사서에서 자료를 취하여 엮은 일종의 주자학사朱子學史이다. 이 책에 실린 인물의 총수는 516명인데, 사실의 기록이 없고 이름만 기록된 사람이 이 중 83인이다. 이 책은 청초淸初 황종희黃宗羲, 전조망全祖望의 ≪송원학안宋元學案≫보다 100년이나 앞선다. 이 책의 편찬을 통하여 주자학도로서의 퇴계의 주자朱子 존신尊信과 도통의식道統意識을 여실히 볼 수 있다. 그가 평생 주자 이외의 어떠한 학설이나 이단도 용납하지 않았던 것과도 표리 관계를 이루는 것이다.

이상에서 본 바와 같이 퇴계학의 형성은 ≪심경부주≫와 ≪성리대전≫, 그리고 ≪주자대전≫을 토대로 형성되었음을 알 수 있다. 퇴계가 만년(40여세 이후)에 늦게 성리학, 특히 주자학에 관심을 갖게 되고, 49세 이후 은거강학하게 되면서부터는 더욱 여기에 몰두하고 제자들을 가르침으로써 영남 지방 일원에 널리 주자학을 전파하게 되었다.

퇴계의 주자학 수용 특성

퇴계학의 본질은 주자학의 우주와 인생에 대한 포괄적인 이론 가운데서도 심성론적心性論的인 사칠론四七論이나 인심도심론人心道心論 등 소위 인간과 인생 방면에 더 깊이 천착한 것이 특징이다. 이는 바로 주자학의 거경居敬의 실천이요, 이를 통한 '도덕 주체' 확립의 강조라고 할 수 있다. 존양存養과 거경居敬의 실천으로 말하면 원명초元明初의 주자학의 전개와 궤를 같이 하고, 도덕주체의 철저한 강조는 명대明代 양명학의 심학心學과 그 취지를 같이 하는 바가 있다.

다만 양명학이 심心을 윤리적 차원을 넘어 기본적으로 의식과 인식의 차원에서 유심론적唯心論的으로 문제 삼고, 또 실천에 있어서는 궁리窮理를 부정하고 사상마련事上磨鍊(왕문성공전서王文成公全書 권7, 별삼자서別三子書)을 통한 치양지致良知를 강조한 데 대해 어디까지나 성즉리性卽理의 도덕 가치 지향성에서 심心과 경敬을 강조한 퇴계의 학문은 다른 면도 물론 있다.

그러나 그가 ≪심경≫을 애호하고 심성心性 함양을 강조하면서 양명 심학도 구이지폐口耳之幣(실천하지 않고 입과 귀로만 하는 학문의 폐단)를 구하는 데는 도움이 된다고 하는 식의 넓은 의미에서 내성적內省的이고 수양적修養的인 데 중점을 두고 있다는 점에서 심학心學이라고 한다면 그것은 분명 '주자학적 심학'이요, 구태여 다른 말로 표현한다면 '거경居敬의 심학', 혹은 '실천적 심학'으로 말할 수는 있을 것이다. 물론 기본적으로 양명 심학과 다르다는 점이 먼저 분석되고 이해되어야 심학心學에 대한 용어상의 불필요한 오해가 없으리라 생각한다.

퇴계의 이러한 거경의 심학心學은 존재론에 있어서도 리理를 기氣보다 더 높이는 리우위관理優位觀을 보이었고, 수양론에 있어서도 사단四端과 칠정七情, 인심人心과 도심道心을 엄격하게 구분하고자 했다. 이는 존재론에서는 주자의 리기이원적理氣二元的인 체계를 수용하면서 리를 강조하는 주리론主理論이며, 도덕 수양론에서는 가치

지향성을 강하게 나타낸 것이다.

따라서 그의 주리적 철학은 도덕 주체의 강조와 거경궁리를 바탕으로 한 수양·실천과 표리관계를 이룬다고 할 수 있다. 퇴계는 수양의 구체적 방법으로 주자학의 거경居敬의 방법을 매우 강조하였는데, 거경이 송학宋學(성리학)의 보편적인 수양법이지만 퇴계가 이를 강조함으로써 특별한 의미를 갖게 된 것이다. 명초明初 주자학자朱子學者의 거경 실천과 비견해 볼 만하다고 하겠다.

결론적으로 퇴계의 주자학 수용은 거경 중심의 수양론이며, 이는 실천면에서 주자학을 충실히 수용하려는 도덕실천주의의 입장이며, 가치지향의 주리론主理論과 표리관계에 있다.

사칠론四七論에 있어서의 리발설理發說

퇴계는 정지운鄭之雲이 〈천명도설天命圖說〉에서 "사단四端은 리理에서 발發하고, 칠정七情은 기氣에서 발發한다.〔四端發於理, 七情發於氣〕"라고 한 것을 정지운의 수정의 부탁을 받고 〈천명도天命圖〉를 수정하여 새로 도圖를 그리고 위의 글귀를 고쳐 "사단은 리의 발이요, 칠정은 기의 발이다.〔四端理之發, 七情氣之發〕"라고 했다. 이렇게 만든 것이 퇴계의 〈천명신도天命新圖〉이다.

이 정정된 해석을 보고 당시 고봉高峯 기대승奇大升이 이의를 제기, 퇴계에게 질문을 하였고, 그 후 퇴계와 논쟁을 하였다. 기대승의 생각은 칠정은 인간 정情의 총칭이고, 사단이란 전체 칠정 중에서 선善한 것(즉, 발이중절發而中節한 것)을 골라내어 지칭한 것이라고 보았다.

그러므로 사·칠四七을 각각 리·기理氣로 분대分對하여(대립적으로 나누어) 말하면 인간 마음에 두 근원이 있어 사·칠四七이 각각 나오는 것과 같은 혐의가 있으므로 사·칠을 리·기로 나누어 말할 수 없다는 것이다.

또 리와 기의 관계가 불상잡不相雜하지만 또한 불상리不相離하므로 이원적二元的으로 양분할 수 없다는 것이다. 기대승이 "칠정七情 외에 다시 또 사단四端이 있지 않다."라고 한 것이 그것이다.

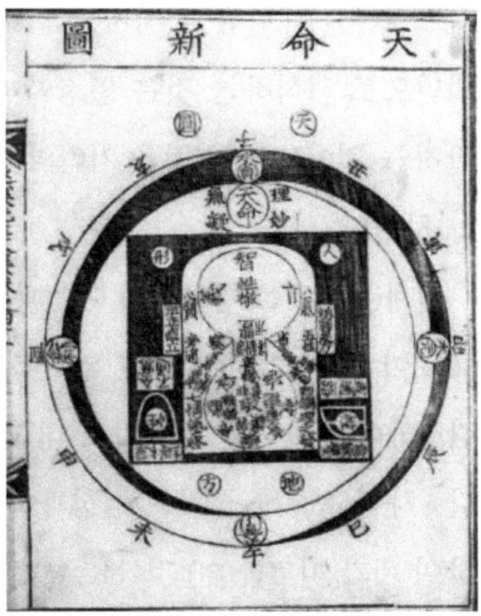

〈천명신도〉

퇴계는 기대승의 의견을 듣고 〈천명신도天命新圖〉의 자기의 말을 고쳐 "사단의 발은 순수한 리이므로 불선이 없고, 칠정의 발은 기를 겸했으므로 선악이 있다.〔四端之發純理, 故無不善, 七情之發兼氣, 故有善惡〕"라고 했다. 그러나 문구를 바꾸었으나 퇴계의 생각은 변함이 없었다. 그는 ≪주자어류朱子語類≫ 속에서 "사단은 리의 발이고, 칠정은 기의 발이다.〔四端是理之發, 七情是氣之發〕"라는 문구가 있음을 발견하고 더욱 자기 견해가 틀리지 않았음을 확신하였다.

또 그것을 증명하기 위하여 성性에 있어서의 본연지성本然之性-기질지성氣質之性의 구분이 있는 것과 사단-칠정의 구분이 있는 것이 같다고 하였다. 즉 그는 "정情에 사칠의 구분이 있는 것은 성에 본연과 기질의 다름이 있는 것과 같다."라고 하였다. 또 인심·도심에 사단과 칠정을 비유하기도 하였다. 즉 "인심은 칠정이 그것이고, 사단은 도심이 그것이다."라고 하였다.

그러나 기대승은 천지지성〔本然之性〕은 리를 가리키므로 '사단을 리만으로 해석하는 것'은 인정할 수 있지만, 기질지성은 리와 기로 말하는 것이므로 '칠정을 기만의 발'이라 하는 것은 시인할 수 없다고 하였다.

퇴계는 이것을 참고하여 다음과 같이 자기 설을 수정하였다. "황滉(퇴계)이 칠정이 리에 관련 없이 외물外物이 우연히 들어와 마음이 감感하여 동動하는 것이라고 하는 말은 아니다. 또 사단이 물物에 감感하여 동動하는 것은 칠정과 다름이 없다. 다만 사단은 리가 발하여 기가 따르는〔隨〕 것이요, 칠정은 기가 발하여 리가 타는〔乘〕 것이다."

그러나 기대승은 퇴계의 이 설에 대해서도 불만족스럽게 여겼다. 퇴계는 앞에서 말한 대로 사칠론에서 '리기호발理氣互發'을 주장하였다. 우주론에서 쓰이는 리理·기氣는 형상과 질료의 의미가 있지만, 인성론에서 쓰이는 리·기는 이성(reason)과 감성(sense)의 뜻이 있다.

그러므로 퇴계가 사단·칠정을 논하면서 "사단은 리의 발, 칠정은 기의 발"이라고 한 것은 리를 인간의 '이성', 기를 인간의 '감성'으로 소위 심리학적인 의미로 본다면 수긍이 될 수 있다. 인간 마음은 인식(cognition)과 감정(feeling)으로 나타나는데, 사단이나 칠정 모두 정情으로서 마음의 의지(volition)에 의해 나타난다고 하면 그 때 그 정情의 발로(행동)가 동기에 있어 이성에서 왔는가 혹은 감성에서 왔는가 구별지어 말할 수 있다. 그렇게 보면 퇴계의 '이기호발'이 수긍된다.

그러나 퇴계 사칠론에서 가장 큰 문제가 되는 것은 우주론에서 일반적으로 규정된 리 개념이 그의 인성론에서 취급되는 리 개념과 다를 뿐 아니라 상반된다는 것이다.

실제로 퇴계가 정지운鄭之雲의 〈천명도天命圖〉를 수정한 문구 "사단은 리의 발, 칠정은 기의 발"과 다시 기대승과의 논변 중 수정한 문구인 "사단은 리가 발하는데 기가 따르고, 칠정은 기가 발하는데 리가 탄다.〔四端, 理發而氣隨之, 七情, 氣發而理乘之〕"를 다만 문장의 의미상에서 본다면 '수隨', '승乘' 자를 더 참가하여 사용함으로써 '발發'의 의미를 더욱 명확히 강조한 것이 사실이다.

퇴계도 이 모순을 알았기 때문에 리를 체體와 용用으로 구분하여 '리발理發'을 '리理의 용用'으로 설명하고자 한 것이다. 또 이어서 리理를 '사물死物'로 볼 뻔 하였다고 하여 실재實在로서의 리를 동적動的인 것으로 보았던 것이다.

퇴계와 율곡은 사칠론이나 인심도심론人心道心論을 전개함에 있어 리·기의 개념을 사용하여 설명하는데, 이 때 가치(윤리)와 관련 있는 인성론人性論을 말하면서 우주론의 리기론이 항상 그 밑바닥에 전제되어 있었다. '가치'와 '사실'과의 관계는 반드시 모순이 일어나는데, 여기에서 논리적 혼동이 빚어진다. 이 혼동이 언어와 논리에 나타난다. 그러나 언어와 논리가 애매하여도 그 철학의 본질과 정신은 별도로 이해할 수 있다. 퇴계의 '주리主理'의 의미도 이런 각도에서 이해해야 한다.

퇴계 사상의 특징 – 거경居敬의 심학心學

퇴계는 주자학의 우주와 인간에 대한 포괄적인 이론 가운데서도 특히 인간 도덕론에 대한 관심이 많아 비록 리기 범주로 사칠을 논하는 과정에서 입론의 논란 여지는 남겼으나 사단을 칠정과 구분하려는 강한 가치 지향의 관점을 보여주었다. 이는 주자학의 독실한 실천 의지의 표현이며, 그런 의미에서 왕양명王陽明의 심학과는 다른 또 하나의 '거경居敬의 심학心學'이라고 할 수 있다.

'경敬'이 송학의 보편적인 수양법이지만 퇴계가 이를 강조함으로써 특별한 의미를 갖게 된 것이다. 뿐만 아니라 그의 삶 자체가 경으로 일관되었다고 할 정도로 경건하고 모범적인 학자의 생활을 하였다. 특히 그의 우주론과 도덕론에서 보인 '주리론主理論'이라는 입장과 경의 수양법은 표리 관계를 이루어 명대 초기 '주자학 실천주의'와 비견되는 또 다른 주자학적 심학, 주자학적 실천주의를 전개하였던 것이다.

퇴계는 주자학의 수양 방법 중 격물格物보다는 거경居敬을 더욱 중시하였다. 그는 〈천명신도天命新圖〉에서 그 핵심이 되는 심권心圈과 정권情圈의 중앙에 경자敬字를 표기해 놓았으며, 또 만년에 지은 ≪성학십도≫에서도 "이 십도가 모두 경을 위주로 한다."라고 하여 경을 강조하였다. 〈제6 심통성정도心統性情圖〉에서도 마음을 다스리는 방법으로 경의 중요함을 말하고, 경은 존양과 성찰의 바탕이 되고, 존양存養과 성찰省察은 다시 사단을 확충하고 칠정이 인욕에 떨어지지 않게 하는 방법이라고 하였다.

퇴계학의 본질적 특성이 '심학'과 '경'에 있음을 알 수 있다. 그는 경에 대해 "경은 마음의 주재主宰요, 만사의 근본이다. 그러므로 경이라는 한 글자는 성학聖學의 처음과 끝이다."라고 하기도 하였고, 또 "경이란 철두철미한 것이어서 능히 경을 붙잡는 방법을 알면 리가 밝혀지고 마음이 안정된다. 이것으로 격물궁리格物窮理하면 물物의 리가 나의 마음에 다 비치고, 이것으로 일에 응하면 일이 내 마음을 괴롭게 하지 못한다."라고 하였다.

이와 같이 격물궁리, 일의 처리 모두 경에 의하여야 한다고 말하였다. 그가 주리론자로서 리를 강조하는 것도 이러한 거경의 심학과 밀접한 연관이 있다.

사칠론에서 퇴계가 '가치의 근원'으로서 리를 강조하려다 악의 요소를 가진 기와 자연히 대립시키지 않을 수 없었는데, 실제로는 가치 우열에 의해 리가 오히려 반전하여 더 우위에 있게 되었다. 이 리기 범주는 존재론에서는 형이상학적 개념으로서 리는 원리, 기는 사물의 기본 구성요소이지만, 이것을 도덕적 범주로 전용하여 쓰게 될 때는 리는 순수한 선인데 반하여 기는 청·탁·수·박淸濁粹駁이 있어 비순수성과 결핍성, 즉 악의 요소를 포함하고 있는 것으로 사용된다.

그러므로 리를 강조하는 주리론자들은 퇴계처럼 '리는 귀하고 기는 천하다.'는 입장을 자연 갖게 되지 않을 수 없다. 이렇게 되면 리기라는 개념을 사용하고 있지만 실은 도덕을 논하고 있는 것이다.

문제는 선-악이라는 대립적 개념이 있음에도 불구하고 리-기라는 존재론적 개념을 왜 차용하여 사용하는가이다. 그 이유는 첫째, 종전의 선-악 개념에 비해 리-기 개념이 참신하다는 것이요, 둘째, 선-악의 구조에서는 악은 선에 대립하는 절대악이 되고 있는 데 반해 리-기 구조에서는 기가 청·탁·수·박이라는 좋고 나쁜 두 요소를 함께 내포하고 있으므로 악을 절대악으로 보지 않는 성리학의 선악관에 더 적합하기 때문이다.

다시 말하면 리-기 구조로 선-악을 가치평가하면 악, 즉 기는 상대적인 악으로 '선으로의 가능성'을 열어놓고 있는 것이 된다. 이러한 이유 때문에 송대 성리학에서는 리-기 범주로 도덕적 가치를 설명하고자 한 것이다.

그러나 우리의 인식은 비교인식(상대적 파악)이며, 우리의 가치평가 또한 '상대적(대립적) 입언'의 형식을 취할 수밖에 없으므로 리-기 범주를 선-악 범주처럼 상대화하여(대립적으로) 보게 된다. 그리하여 기, 즉 악을 절대적인 것으로 '실재화'하게 된다.

율곡이 "칠정이 사단을 포함한다."는 소위 '칠포사七包四'의 논리로써 퇴계의 리기호발설을 비판하면서도 자기는 다시 '인심–도심'의 구조로 가치 상대입언相對立言의 형식을 취하지 않을 수 없었다. 그러면서도 인심을 또 악이라고 하지 못한 것을 보면 존재론적 범주인 리기를 원용하여 가치를 상대화시켜 인간 도덕을 논하는 문제 자체에 아포리아가 있음을 알 수 있다. 거기에 악을 절대악으로 보지 않고 선의 결핍태로 보는 성리학의 선악관이 개재되어 철학적 문제를 야기하고 있는 것이다.

그런데 이 때 퇴계가 상대입언의 형식을 취한 이유는 물론 사단을 높이려는 데 있었다. 한편 고봉高峰이나 율곡의 경우는 '칠포사七包四'의 논리에서 보는 바와 같이 칠정이라는 '사실 자체에로'라는 관점이 숨어 있다. 다시 말하면 칠정이라는 마음과 인간 감정의 적나라한 발현을 떠나 사단을 논할 수 없고, 또 이 칠정의 중절中節이 바로 선이므로 현실에서 구체적으로 도덕적 선을 실현한다는 리얼리스틱한 사고방식이 내재되어 있다.

그러므로 도덕론에 있어서는 퇴계의 호발론은 맹자의 성선설, 정주程朱의 성즉리性卽理를 충실히 계승한 도덕론이며, 고봉과 율곡은 보다 순자荀子적이라 할 수 있다. 결론적으로 퇴계의 도덕론은 맹자–성리학의 유학 전통의 아이디얼한 도덕론을 계승하였으며, 그 연장선상에서 '호발론'이 위치한다고 할 수 있다.

덧붙여 말하면 퇴계의 이러한 이상주의적 도덕론은 그의 이단 배척이나 정치론에서도 같은 맥락을 보이고 있다. 그는 유학 이외의 사상(노장이나 불교)에 대해서는 물론이고, 유학 가운데서도 육상산陸象

山 사상, 양명학, 나정암羅整庵 등의 기론氣論을 비정통으로 몰아 철저하게 비판하였다. 즉 그는 〈전습록변傳習錄辯〉을 지어 양명학을 배척하였고, 〈비리기위일물변증非理氣爲一物辯證〉, 〈심무체용변心無體用辯〉을 지어 서화담 계열의 주기론자主氣論者와 나정암 계통의 리기혼일론자理氣渾一論者 및 초려草廬 오징吳澄과 같은 주륙절충론자朱陸折衷論者 등을 공박하였다. 또 소재蘇齋 노수신盧守愼이 나정암의 ≪곤지기困知記≫를 지나치게 존숭하는 것에 대해서도 극력 배척하였다. 학문에 있어서 정통성 추구, 다시 말하면 주자에 대한 무비판적 존신은 이러한 이단배척과 표리관계에 있음은 물론이다.

퇴계로 인하여 그 후 조선조 사상계가 주자학 이외의 사상도 받아들여 다양하게 발전시키지 못하였다고 하여 퇴계에게 그 책임을 많이 돌리는데, 퇴계는 이러한 비방을 면할 수는 없다. 그러나 여기에는 몇 가지 유의할 점이 있다.

즉 성리학 자체가 중세적 종교윤리(신학체계神學體系와 유사)였다는 점, 전제왕조하의 사상이라는 점, 조선이 문화의 주변국이라는 점, 조선조가 명-청 교체기에 역성혁명 없이 그대로 지속되면서 세도정치世道政治로 국가발전이 위축되었다는 사회 상황 등이 고려되어야 할 것이다.

정치론에서는 율곡이 당시를 경장기更張期(개혁 시기)로 파악하고 변통(제도개혁)을 주장하는 등 국가 통치에 있어서 법과 제도를 매우 중시한 데 비해, 퇴계는 이러한 법과 제도보다 정치의 요체로 군주의 수신을 중요시하였다. 이는 전통적인 정치론의 원칙임은 물론이다.

즉 그는 말하기를 "그 정치를 논함에 있어서는 군주가 마음을 보존하는 것(存心)이 좋은 정치를 하는 근본이다."라고 하고, 또 "새로운 정치에 있어 임금이 몸소 행하고 마음으로 체득하여 얻은 것에 근본하여 민생 생활에서 행할 윤리를 가르치는 것이 근본이요, 법제를 추종하고 문물文物을 답습하여 지금 것을 개혁하고 옛 것을 모범으로 삼아 모방, 비교하는 것은 말단이다."라고도 하였다.

이와 같이 정치는 통치자의 수신이 근본이고 제도 개혁은 제이의적第二義的인 것이었다. 이러한 이상적인 정치론은 율곡의 그것에 비해 이상주의적인이며, 이것은 그의 철학 사상과 밀접한 연관이 있다.

그의 인간상과 사상사적 위치

퇴계는 성품이 고결하여 탈속한 기상을 가졌으며 지조가 굳었다. 기묘사화, 을사사화의 여파로 사림의 의기가 저상되고, 학풍이 시문(문학)에 탐닉하는 등 경박한 풍조가 풍미하였으나 도학에 대한 독실한 뜻과 모범적인 행실로써 당시 학풍을 일신시켰다. 학문과 정치의 병행이 유학의 이념이지만, 실제로는 다 잘하기 어려운 것이어서 예로부터 두 길에서 선비들이 방황하기 일쑤였다. 그가 정치적 실천보다 산림에서 은거 강학한 것을 택한 것은 그의 천성에 기인하는 바가 많다.

그리하여 그는 산수에 왕래하며 사색과 연구에 몰두하고, 남은 시간에 제자들을 가르침으로써 위대한 교사상教師像을 보여 주었다. 그는 제자가 물으면 한참 생각한 후에 자상히 일러주는 친절하고 겸손한 선생이었다. 만년에 기고봉奇高峰과의 논변에서 취한 그의 겸손한 태도도 그것을 잘 말해준다. 그는 평생 자기 자신을 높이거나 애써 드러내는 일이 없었다.

택당澤堂 이식李植은 퇴계의 저술에 대해 다음과 같이 평한 바 있다.

> 우리나라 선유들은 하나 같이 저술이 없다. 권양촌權陽村(권근權近)이 경經을 말하고 학學을 논하여 비로소 저술이 있었으나, 정미한 의논에 있어서는 논저한 것이 없고, 〈제대로 된 저술이〉 있는 것은 회재晦齋(이언적李彦迪)로부터 시작되었다. 그러나 퇴계처럼 갖추지는 못하였다. 배우는 자를 이끌어주고 붙들어주며 병통에 따라 약을 주며 사방으로 응하되 궁색하지 않아서, 정밀하고 깊고 간절하며 다듬어진 학문이 문자 사이에서 사람을 감동시키니, 더욱 그 덕성德性의 깊음을 보겠다.
>
> ≪택당별집≫ 권15, 잡저, 〈추록追錄〉

농암農巖 김창협金昌協도 "퇴계의 논학 문자는 우리 동방에 미증유한 것이다."라고 하였다(≪농암집≫ 권32, 〈잡식〉, 내편-2). 또 노주老洲 오희상吳熙常은 "아조 유선 가운데 퇴계가 위학의 법문이니, 규범을 지키고 질서가 정연하여 학문이 가장 의거함이 있다. 그의 논학 문자는 비록 발명(창조)의 뜻은 없으나 깊이 자득한 맛이 있어 사람을 감발시키는 바가 있다."라고 하였다(≪노주집≫ 권24, 〈잡식〉).

한편 기호남인畿湖南人으로 ≪이자수어李子粹語≫를 엮었던 성호星湖 이익李瀷은

> 퇴계의 글은 도의의 본원과 윤리에 관해서만 전적으로 힘쓰고 정치에 대해서는 언급하지 않았다. 당시로 말하면 변통할 형세였고, 조정의 대우도 천고에 다시 없는 기회였다. 시무時務의 대강만이라도 대략 말하여 5년, 7년의 성과를 기약하였더라면 유감이 없었을 것이다(역자 의역).
>
> ≪성호사설유선星湖僿說類選≫ 권10상, 〈퇴계〉

라고 하여 그가 정치에 참여하지 않은 것을 애석하게 생각하였다.

또 율곡은 성호와 마찬가지로 그가 당시 사림과 백성의 여망에 부응하여 정치에 참여하지 않고 자꾸 물러나기만을 바란 것을 못마땅하게 생각하여 조광조趙光祖(호 정암靜庵)와 비교하여 재주와 기국은 미치지 못한다 하였다. 이는 율곡 자신의 도학관道學觀이나 진유론眞儒論에 의거한 것임은 물론이다. 율곡은 또한 퇴계의 학설에 대해서는

> 정암整庵(나흠순羅欽順), 화담花潭(서경덕徐敬德)은 자득한 맛이 많고, 퇴계는 의양依樣(주자를 묵수한다는 뜻)의 맛이 많다.……퇴계는 주자를 깊이 믿어 그 뜻을 깊이 탐구하고, 기질 또한 정밀 신중하여 공부 또한 깊어 주자의 뜻에 다 부합되고 전체를 보았다고 할 만하다. 그러나 활연관통豁然貫通한 경지에는 아직 이르지 못하여 그의 견해 중 밝지 못한 것이

> 있고 말에 약간 틀린 것이 있다. '리기호발理氣互發', '리발기수理發氣隨'의 설은 도리어 식견識見의 누가 되었다.
>
> ≪율곡전서栗谷全書≫ 권10, 〈답성호원答成浩原〉

라고 하였다. 이 역시 자기의 학설에 의하여 퇴계를 평한 것이다. 이러한 평은 그 실제에 있어서 두 사람의 학설, 나아가 주자학의 본질에 있어서 함께 고찰해야 할 문제이다. 그러므로 여기에서 옳고 그름을 논할 수는 없고, 다만 율곡의 이러한 평을 통하여 알 수 있는 것은 퇴계가 주자학을 대하는 태도를 볼 수 있고, 또한 그가 주자학을 이 땅에 토착화시키는 데 큰 역할을 하였다는 것을 알 수 있다.

그러나 퇴계의 이러한 학설상의 문제를 잠시 제쳐두고, 그의 조선조 사상사(주자학사)에서 차지하는 위치, 또는 그가 미친 영향을 본다면 다음과 같은 이택당李澤堂의 평이 적절할 것이다.

> 저술을 가지고 논할 때 만일 ≪퇴계집≫으로 주자의 뒤를 잇게 한다면, 비록 진서산眞西山(진덕수眞德秀)이나 범란계范蘭溪(범준范浚)라도 거의 이보다 나을 수는 없을 것이다.
>
> ≪택당별집≫ 권15, 잡저, 〈추록追錄〉

> 우리나라 학자들이 경전에 종사하는 이외에 모름지기 ≪퇴계집≫을 보아서 스승으로 삼고 의지할 것 같으면, 시대적으로 가깝고 지역적으로 같기 때문에 모범이 되기에 더욱 절실할 것이다.
>
> ≪택당별집≫ 권15, 잡저, 〈추록追錄〉

즉 퇴계는 주자학을 토착화시키고 전파하는 데 큰 역할을 했을 뿐만 아니라 당시의 사표로서 철학, 문학, 예학 등 학문 전반에 걸쳐서 당시에 그 유가 드물 정도로 겸비한 학자였다. 또한 인품 자체가 온후신중하여 학자들은 물론 관료나 일반 백성들에게까지 신임을 받았으며, 특히 산림에 은거하여 탈속한 맛을 지니고 있어 그 고결한 인간상이 학계의 모범과 여론의 중심이 되기에 충분하였다. 거기에 그가 남긴 많은 논술은 그 후 학자들의 연구 자료로서 기여함으로써 그의 성가는 자연 높아질 수밖에 없었다. 특히 그의 사상(특히 '사칠리기논변四七理氣論辨')에 보이는 '도덕적 학풍'은 더욱 조선조 학계에 기본 축을 형성하였다 해도 과언이 아니다(이 점은 '사상' 부분 참조). 이 점이 그의 사상사적 위치이며 그의 영향이다.

| 제5장 |

율곡栗谷 이이李珥의 생애와 사상

1. 율곡의 생애

율곡 연보

율곡 이이

1세 : 중종 31년(1536) 12월 26일 강릉부江陵府 북평촌北坪村 외가에서 태어남.

6세 : 강릉에서 서울 집(수진방壽進坊)으로 돌아옴.

7세 : 모부인母夫人(어머니) 신사임당에게 수학.

13세 : 진사초시에 합격.

16세 : 모부인 신사임당의 상喪을 당함.

19세 : 우계牛溪 성혼成渾과 교우 관계를 맺음. 3월 금강산 입산, 불경을 읽음.

20세 : 금강산을 나와 강릉으로 감. 자경문自警文 11조를 지음.

21세 : 봄에 서울 집으로 돌아옴. 한성시漢城試에 장원함.

22세 : 노씨盧氏와 혼인함.

23세 : 봄에 안동安東 예안禮安의 퇴계 선생을 예방禮訪, 학문을 강론함(2일 동안 머무름. 당시 나눈 시詩가 〈율곡연보〉에 실려 있음).

겨울 별시초시別試初試에 장원함(〈천도책天道策〉).

26세 : 아버지(찬성공)의 상을 당함.

29세 : 7월 생원·진사시에 합격함. 8월에 명경시明經試에 급제함. 호조좌랑에 임명됨.

오죽헌

30세 : 봄에 예조좌랑에 전임轉任. 11월 사간원司諫院 정언正言에 임명됨.

32세 : 6월에 명종 승하.

33세 : 선조 즉위. 2월에 사헌부 지평에 임명됨. 가을에 서장관으로 명경明京(지금의 북경北京)에 다녀옴. 11월 외조모 병환으로 사직함.

34세 : 9월 〈동호문답東湖問答〉을 지어 올림. 외조모 상을 당함.

35세 : 백씨(선璿)의 상을 당함. 10월 병으로 사직. 황해도 해주의 부인 친가로 감. 12월 퇴계 부음을 듣고 망곡望哭함.

36세 : 정월 파주坡州 율곡栗谷으로 귀환. 여름에 교리로 소환되었으나 병으로 사직, 해주로

신사임당

가서 복거卜居를 꾀함. 6월 청주목사에 임명됨.

37세 : 우계와 리기·사칠·인심도심 등 성리학을 논변함.

39세 : 정월 우부승지로서 〈만언봉사萬言封事〉를 올림. 6월 아들 경림景臨을 낳음. 10월 황해도관찰사를 제수 받음.

40세 : 3월 병으로 사직하고 율곡으로 귀환. 9월 ≪성학집요聖學輯要≫ 지어 올림. 이 해에 동서분당東西分黨이 일어남.

41세 : 10월 해주 석담石潭으로 감. 12월 입경, 병조참지兵曹參知(정3품) 제수를 사양함.

42세 : 정월 석담으로 돌아와 종족宗族과 동거同居. 〈가훈家訓〉을 지음. 12월 학도들을 위해 ≪격몽요결擊蒙要訣≫을 저술.

43세 : 석담에 은병정사隱屛精舍 세움. 여러 벼슬이 내려졌으나 사양함.

44세 : 3월 차자 경정景鼎을 낳음. ≪소학집주小學集注≫ 완성.

46세 : 10월 호조판서에 승진. 조광조·이황 2인의 문묘종사를 청함. 11월 ≪경연일기經筵日記≫ 완성.

47세 : 정월 이조판서를 배수拜受함. 7월 왕명으로 〈인심도심도설人心道心圖說〉, 〈김시습전金時習傳〉, 〈학교모범學校模範〉을 지어 올림. 8월 형조판서, 9월 의정부우참찬을 배수함. 12월 다시 병조판서를 배수함.

48세 : 2월 '시무6조'(〈계미6조계〉)를 올림. 4월 〈봉사〉로써 시폐를 극론함(공안貢案·군적軍籍·주현州縣·감사임기監司任期 문제·서얼庶孼·공사천公私賤 문제). 양병養兵 10만을 왕을 면대하여 청함. 6월 동인파東人派 극렬분자의 탄핵을 받고 율곡으로 귀환. 7월 동인의 송응개·허봉·박근원의 유배를 왕이 명함(계미삼찬癸未三竄). 율곡에서 석담으로 돌아감. 9월 판돈령부사를 제수除受, 다시 이조판서를 배수하여 입경.

49세 : (선조 17년, 1584)정월 16일 서울 대사동大寺洞(지금의 인사동仁寺洞) 우거에서 서거. 3월 20일 파주 자운산紫雲山 선영에 묻힘.

시대적 상황

조선조는 세종, 세조, 성종 연간에는 문예중흥기라 할 정도로 학술 활동이 활발하였고 정치적으로도 비교적 안정을 누렸으나, 후대로 갈수록 궁중의 법도가 해이해지고 신진新進 사림과 기성 정치 세력간에 갈등이 심화되어 마침내 연산조에 와서는 2대 사화(무오사화, 갑자사화)가 일어났다.

중종대에 들어와서 조광조를 비롯한 신진 사류(선비)들이 새로운 정치적 쇄신을 시도하였으나 신진 사류의 기반이 약하여 다시 기묘사화가 일어나 개혁 정치는 실패로 끝나고 말았다.

외척 세력의 간여로 다시 을묘사화가 일어났으나, 이를 끝으로 정치 세력은 신진 사류로 교체되었다. 그러나 권력과 관직을 둘러싸고 사류들간에 정치적 갈등이 생기고, 점차 파벌(붕당)의 조짐이 나타나기 시작하였다.

사회경제적으로는 권문세가에 의한 토지 겸병이 횡행하여 소작 농민들은 점차 소득이 줄어드는 한편 각종 세금이 무거워 고통을 받고 있었다. 특히 공물貢物(토산물 공급)과 진상進上(왕실용 특산물 공급)을 둘러싼 소위 '방납防納의 폐弊'는 가장 큰 사회적 문제였다.

심지어는 연좌제로 친척에게 세금을 물리고, 나중에는 이웃에게까지 물리는 일이 일어나 한 마을이 야간도주함으로써 마을 전체가 텅 비고, 백성들은 유랑민이 되는 상황이었다. 사회경제적으로 조선 건국 이후 폐단이 누적되어 법과 제도를 개혁할 필요가 간절하였다. 또한 여진과 왜구의 침입에 대한 대비도 결코 소홀히 할 수 없었다.

사화를 여러 번 겪고 나서는 선비들이 정계에 잘 나가지 않고 산림에 묻혀 학문과 교육으로 소일하려는 기풍이 많이 생겼다. 그리하여 각 지역별로 선현先賢을 추모하는 사당祠堂을 세우고 동시에 서원書院을 지어 성리학을 강학하기 시작하였다.

율곡은 이러한 시기에 활약하였는데, 이즈음 학계의 중요 인물로는 경기지역에 모재慕齋 김안국金安國, 사재思齋 김정국金正國 형제, 화담 서경덕, 그 문인 토정土亭 이지함李之菡이 있었고, 영남에는 퇴계를 비롯 회재晦齋 이언적李彦迪, 남명南冥 조식曺植이 있었고, 호남에는 일재一齋 이항李恒, 하서河西 김인후金麟厚, 고봉高峰 기대승奇大升 등이 있었다. 또한 당시 학계 및 정계의 중진들로는 소재蘇齋 노수신盧守愼, 미암眉巖 유희춘柳希春, 사암思庵 박순朴淳 등이 있었고, 율곡의 친우로는 우계牛溪 성혼成渾 외에 구봉龜峰 송익필宋翼弼, 송강松江

정철鄭澈 등이 있었다.

저술과 문인

율곡의 중요 저술과 논문을 저작 순으로 나열하면 다음과 같다.

(1) 천도책天道策(23세) : 별시 초시에 장원한 책문策文. 도가의 자연철학과 ≪주역≫을 인용.

(2) 동호문답東湖問答(34세) : 당시 개혁해야 할 사회정치 문제를 논함.

(3) 서원향약西原鄕約(36세) : 청주목사로 있을 때 향촌공동체의 교화를 위하여 지음.

(4) 해주향약海州鄕約(39세) : 황해도 관찰사로 있을 때 지음.

(5) 만언봉사萬言封事(39세) : 시무時務를 논한 긴 상소문

(6) 성학집요聖學輯要(40세) : 성리학의 요점을 체계적으로 정리

(7) 격몽요결擊蒙要訣(42세) : 초학자를 위해 학문자세와 방법 안내

(8) 경연일기經筵日記(46세) : 당시 정계의 상황, 시사, 견문, 정치논평을 적음(17년 기간). 〈석담일기石潭日記〉라고도 함.

(9) 학교모범學校模範(47세) : 교육 기풍을 쇄신하기 위하여 교육 이념과 방법에 대해 개진

(10) 시무육조時務六條(48세) : 급히 해결해야 할 시무 6개 조항 개진. 계미육조계.

(11) 우계와 논한 성리학 논변에 관한 편지(37세 이후)

그의 문인에는 수제자 사계沙溪 김장생金長生이 있고, 임란 때 의병을 일으킨 중봉重峰 조헌趙憲, 그리고 수몽守夢 정엽鄭曄이 있다.

2. 율곡의 철학사상

성리학과 주자학

그의 성리학은 퇴계가 인간 도덕론에 치중한 데 비해 인간과 자연을 아우르는 우주론적 시각에 치중하여 전개하였다. 원래 성리학은 우주에 대한 설명에 있어서 리理와 기氣, 그리고 태극太極이라는 개념으로 형이상학적 체계를 세우면서 한편으로는 이 토대 위에서 인간의 도덕론과 수양론을 전개시켰다. 성리학은 도덕에 윤리적 근거를 철학적으로 심화시키기 위하여 전래의 기의 자연학(기로써 자연을 철학적으로 해석)에 리와 태극을 부가하여 유기체적 우주론을 성립시켰다.

그러므로 도덕을 논할 때도 리와 기라는 개념을 인용하여 철학적 사유를 하였는데, 리는 순선무악한 것을 상징하고, 기는 선과 악 어느 쪽으로도 갈 수 있는 가변적인 것을 상징하였다. 유학에서 착한 행동은 착한 마음가짐에서 시작된다고 보아 맹자가 말한 순수한 도덕적 감정의 발로인 네 가지의 선한 감정, 즉 사단四端을 중요시 여겼다.

그리하여 자연히 ≪예기禮記≫ 〈예운편禮運篇〉에서 말한 희노애구애오욕喜怒哀懼愛惡欲 일곱 가지 일반 감정(≪중용≫에서는 희노애락喜怒哀樂이라 했으므로 애오욕愛惡欲을 합하여 희노애락애오욕을 칠정이라 하기도 함), 즉 칠정七情과 항상 대립시켜 이해하였다.

퇴계는 사단四端이라는 순수한 감정을 리발理發(리의 발현)이라 하고, 칠정이라는 일반적 감정을 기발氣發(기의 발현)이라 설명하여 사단의 순수성을 강조하고자 했다. 이것을 '호발설互發說'이라 하는데, 도덕적 이상주의의 입장이라 할 수 있다. 반면에 율곡은 칠정에서 특별한 것을 꺼낸 것이 사단이고, 칠정이 현실적인 감정의 모두이므로 중요하고, 그것을 잘 컨트롤하여 선한 쪽으로 발휘하는 일이 수양이라고 보았다. 이는 도덕적 현실주의의 입장이라 할 수 있다. 그러나 두 입장 모두 도덕적 선을 지향하는 목적은 같고 다만 방법을 달리했을 뿐이다.

율곡 성리학의 형성과 노불老佛

율곡은 예술가인 사임당 신씨의 자녀로 태어나 일찍부터 천재성을 드러내었다. 어머니가 예술가인 점을 감안하면 그는 태생적으로 감수성이 풍부했다고 볼 수 있는데, 이 감수성은 그의 학술 사상 전개에 일정한 영향을 주었으리라 볼 수 있다. 율곡은 16세 때 어머니상을 당하였다. 감수성이 예민한 청소년시기에 어머니상은 큰 충격을 주었으리라 짐작할 수 있다. 3년상을 마친 후 19세 되던 해 3월 금강산에 들어가 불교를 접하였다.

입산한 동기에 대해서는 여러 설이 있다. 무엇보다 중요한 것은 그의 예민한 감수성과 청소년기의 어머니상을 당한 슬픔이었을 것이다. 한편 형과 서모와의 사이가 좋지 않아 고민하였다는 설도 있다(≪남계집≫ 속집 권20, 〈잡저〉, 갑술 4월 21일; ≪명종실록≫ 명종 19년 8월 30일조). 그리고 일설에 의하면 그의 부친이 일찍부터 불교 경전을 좋아하여 그도 평소에 불경을 접하였다는 것이다(≪명종실록≫ 명종 21년 3월 24일조).

그곳에서의 생활과 무엇을 공부하였는지 정확하게는 알 수 없지만, 산견散見되는 자료를 종합하면, 불교에 대해 어느 정도 섭렵한 것으로 보인다. 송시열宋時烈의 기록에 의하면 율곡이 불교와 도교의 서적까지도 읽었는데, 그 중에서도 능엄경楞嚴經을 좋아했다고 하였다(≪송자대전宋子大全≫ 권19, 〈진문원공유고잉변사우지무進文元公遺稿仍辨師友之誣〉). 그의 문집에도 약간의 불교 관계 기록이 남아 있다(〈연보 19세〉 및 〈시詩〉).

율곡은 또 초년에 도가 사상에 심취하였다. 그가 23세 되던 해 겨울에 본 별시에 낸 〈천도책天道策〉을 보면 짐작할 수 있다. 또 율곡은 노자를 유가의 입장에서 취사선택하여 주석을 붙인 ≪순언醇言≫이란 책을 저술하였다. 이러한 정황도 그의 노장 섭렵을 말해 준다. 이 노장의 독서는 성리학의 유기체 우주론이라든가 기의 자연학 및 리기 이원적 우주론 이해에 도움을 주었다고 할 수 있다.

또한 그의 자연학에 대한 관심은 그의 ≪어록≫에서도 그 일면을 볼 수 있다. 그의 ≪어록≫과 퇴계의 ≪언행록≫을 비교해 보면 매우 대조적이다. 이것은 주자의 격물치지의 자연 탐구 정신의 발로이기도 하지만, 분명 기의 자연학에 대한 관심이 많았음을 말해준다. 그가 화담花潭 서경덕徐敬德의 기의 자연학에 대해 서경덕의 창의적 노력을 인정한 것도 같은 맥락이다.

퇴계와 율곡의 사상 비교

퇴계의 철학사상

주자학은 송대의 새로운 유교(서양에서는 신유교라고 부른다)인 성리학을 집대성자 주자朱子(이름은 주희朱熹)의 이름을 따서 붙인 것으로 성리학이라는 말과 거의 같이 쓰인다. 유교에서 진리의 전통을 따져 자기 학문의 정통성을 확립하려는 차원에서 주자를 신봉한 나머지 그 개인의 이론을 더욱 존중하게 된 것이 조선조에서 주자학이 주류를 이룬 이유이다. 주자학을 받아들이고 주자를 존숭하였으며, 이를 제자들에게 전하여 하나의 학단學團을 이룬 선구자가 퇴계 이황이다.

퇴계는 영남지방에서 태어나 그곳에서 제자들을 가르쳤으므로 영남학파를 형성하였다. 그는 40세 이전까지는 자연을 사랑하고 중국 도연명의 시를 애독한 전원시인이었다. 중년 후에 주자학을 접하고 그 철학적 체계에 매료되어 여생을 이 학문을 배우고 가르치는 데 바치려고 작정하였다. 그의 천품은 대기만성형으로 매우 신중하고 자상하였다. 그러므로 그는 날카로운 분석의 철학자라기보다 인자하고 모범적인 스승의 상을 보여주었다.

주자의 우주형이상학은 리기론理氣論이라고 하여 리와 기라는 두 개념으로 우주 삼라만상의 모습과 인간의 도덕을 설명하려 하였다. 퇴계는 리라는 개념을 매우 중시하였다.

주자의 리는 사물의 이치(존재의 원리)와 인간 도덕규범을 같이 지칭하였고, 다시 사물의 이치도 개개 사물의 이치와 우주의 궁극자, 즉 태극太極(서양 기독교의 신을 상정해도 좋다)을 구분 없이 다 리理라고 표현하였다. 이는 성리학이 기독교와 같은 유신론이 아니기 때문임은 물론이다.

퇴계는 주자의 이러한 범리론汎理論(모든 것이 리 때문이다)이나 리신론理神論(리가 유신론의 신과 유사하다)적 설명에서 치중하여 리를 보려고 하였다. 유교가 도덕론이므로 퇴계가 주자의 이러한 리의 성격에 치중해서 보려 하는 것도 무리는 아니다.

다시 말하면 퇴계는 주자학의 우주존재-인간존재 통합적 이론에서 인간중심적인 유교의 원래 취지를 살리려고 함으로써 자연히 도덕론을 중시하였다. 따라서 그의 주자학이나 유교 이해는 리 개념을 매개로 하여 오늘날로 말하면 종교성 풍부한 도덕론으로 나아갔다.

물론 이는 리와 상대되는 개념인 기의 세계, 기에 의한 우주 설명을 도외시했다는 것이 아니고 상대적으로 그 경향성과 시각이 그렇다는 뜻이다.

퇴계의 이러한 주자학 이해는 조선조 주자학사에서 '도덕론 우위'라는 전통을 확립하게 되었다. 조선조 인문정신의 최초의 형상화라고 할 수 있고, 이것을 제외하고 조선조 유교라는 인문학의 특성을 말하기 어렵게 되었다. 이 전통은 유교적 가족주위와 더불어 오늘날까지 한국인의 무의식의 심층을 지배하는 도덕 감정으로 남아 있다.

율곡의 철학사상

한편 이와는 대조적으로 퇴계보다 한 세대 늦게 탄생한 율곡 이이는 퇴계의 시각과 달리 주자학을 볼 때 우주존재–인간존재 구분 없이 통합적으로 보려 하였다. 다시 말하면 도덕론 우위라고 하는 인간중심주의적으로 사물을 보려고 하지 않았다. 따라서 율곡은 자연히 주자의 리, 기 두 개념 중 기에 의한 사물의 생성과 변화를 말하기 좋아했다. 그러므로 율곡은 도덕을 말하더라도 퇴계처럼 순수한 감정의 발로보다도 인간의 조건인 육체적 기질을 인정하고, 그것을 개선하여 그 순수한 인간 본질(본성)을 드러내는 방법을 강조했다.

양자가 도달하는 도덕적 경지는 별반 차이가 없지만 존재와 인간을 바라보는 관점은 이렇게 달랐다. 율곡의 이러한 도덕론은 그의 제자들에게 계승되어 기호학파畿湖學派를 형성하였는데, 그의 제자들은 율곡의 이러한 '자연(우주)–인간 통합적 시각'을 고수하고 학파를 발전시켜 나갔다. 그리하여 나중에는 조선 후기 최고의 장기 집권 정치파벌(당파)인 노론老論의 당론으로까지 채택되어 이어져갔다.

그러나 율곡의 재전再傳 제자인 우암尤庵 송시열宋時烈 대에 와서 우암과 그 제자 사이에 분열이 일어남으로써 소론少論이 탄생하고, 이 계열에서는 율곡설에 대해 비판적 입장을 유지하였다. 이는 당파성의 결과라기보다 그간의 주자학 해석에서 조선조 학자들의 깊은 사색과 학술적 토론의 결과 얻어진 사상적 발전이었다. 이것을 크게 보면 주자학이라는 중세 사상이 가지고 있는 인간-자연 통합적 시각에서 수립된 도덕 형이상학, 즉 절대론적 윤리설이 직면한 이론적 모순이 드러난 것이라고 할 수 있다.

禪門拈頌說話卷第一
禪者圭峯云具云禪那此云思惟修亦云靜慮斯皆定慧之通稱也當此看則教外別傳一味禪也且如來禪祖師禪同別如何也如來禪者山山水水法法全真也祖師禪者和根拔去了沒巴鼻也如經云若見諸相非相即見如來云云者是如來禪也如法眼云若見諸相非相即不見如來云云者是祖師禪也又佛法有頭角邊謂之如來禪佛法無頭角邊謂之祖師禪也門者不同世間門淺室深但以出入為義無門為門無門故能現一切門也拈頌者拈振其網須宣其意也集序者行靜云序者緒也如繭得緒緒盡一繭之絲茲集得序以盡一經之義也
大覺世尊釋迦牟尼佛
大覺者生死大夢永覺耶此猶是單偏自覺覺他覺行圓滿故名為大覺也故云如睡夢覺如蓮花開也世尊者世者遷流義尊者不遷流義遷流中有不遷流義故云世尊耶福慧兩足為世所尊故名為

〈성학집요〉

여하튼 율곡설에 대한 비판적 입장을 견지한 소위 이 '절충파'의 뛰어난 철학자들의 시각은 퇴계적인 유교, 즉 도덕론이 우위라고 하는 퇴계 도덕론의 장점을 살리려는 입장이었다. 반드시 퇴계설이 옳고 퇴계설로 돌아가야 한다는 것이라기보다 유교는 역시 도덕론이 중요하고, 따라서 도덕적 입론이 매우 중요하다는 데 대한 재인식이었다.

그리하여 절충론자들은 우주론에서는 율곡의 설을 기본으로 계승하지만, 도덕론에 있어서는 퇴계처럼 순수 도덕적 감정을 존중할 필요가 있다는 절충적이고 비교적 객관적 시각을 갖게 된 것이다. 이는 율곡류의 자연-인간 통합적 시각에서 빠지기 쉬운 인간 도덕의 망각을 경계하고자 한 것이었다.

이상 두 학파의 주장과 절충파의 탁월한 사색이 말해주는 메시지는 조선조 유교의 전통은 중국보다 매우 철저하며, 특히 그 색채는 매우 '도덕론적'이라는 점이다. 이는 오늘날도 우리의 문화로 잔존하고 있다. 우리가 일본 문화에 대해 그 선정성과 폭력성을 비판하거나 아직 유교적 남녀유별 의식이나 체면, 부끄러움 의식이 한국사회에 잔존하고 있는 것도 다 그런 이유이다.

이것이 21세기 동서 문화교류에 어떤 의미가 있는지는 문명사적 논의를 거쳐야 하므로 단순하게 좋다-나쁘다 도식적으로 말하기 어렵다.

3. 율곡의 정치사상(경세사상)

선비의 도덕적 실천과 경세적 실천-도덕과 경세의 병행

도덕 함양은 개인의 일이고, 정치적 실천은 사회적 일이지만, 송대 사대부와 조선조 선비의 경우는 두 가지 일이 겸비되지 않으면 안 되었다. '사士'는 독서인이란 뜻이고, '대부大夫'는 정치 일선에 나아간 정치인이란 뜻인데, 독서인이 정치인이 되고, 독서의 목적이 정치인이 되기 위한 중요 방편이므로 결국 밀접한 관련이 있게 된 것이다. 유교의 경우 개인의 수양이라고 하더라도 맹목적으로 어떤 종교적 수행을 하는 것과는 차이가 있다. 정치적 실천을 전제로 한 수양이므로 정치란 어떤 의미에서 종교적 실천과 같은 위상을 갖는 것이다. 즉 왕을 중심으로 한 치국의 행위가 큰 종교적 행사와 흡사한 것이다. 조선조 선비도 송대 사대부의 성격과 위상을 그대로 닮았다.

개인 수양과 정치 참여가 일치된다고 하더라도 개인의 취향에 따라 그 양상이 조금씩 차이가 난다. 혹 개인의 수양에 치중하고 정치적 혼란에서 한걸음 뒤로 물러나서 교육자로서 제자를 양성하는 일에 매진하는 경우도 있고, 배운 바를 백성을 위하여 정치적으로 실천하는 것이 지식인의 사명이라고 생각하는 경우도 있다.

그런데 현실 정치란 항상 위태로운 상황에 빠지고 자기 뜻대로 되지 않는 법이라 양심적인 지식인으로서 고뇌에 빠지지 않을 수 없고 개인의 수양도 한계에 부딪치는 경우가 많다. 이때 정치적 참여가 종교적 행위처럼 신념화되어 있지 않으면 현실적 난관을 타개하기가 쉽지 않다. 여기에 선비로서, 양심적 지식인으로서 강렬한 열정이 수반되지 않으면 안 된다.

이러한 고뇌와 열정을 가진 조선조 선비의 화신으로서 율곡 이이를 우리는 상기하지 않을 수 없다. 물론 시대가 다르고 삶의 환경이 많이 다른 중세의 한 선비이지만, 도덕과 경세經世(정치와 경제)의 상관성에 대한 중요한 시사점을 우리에게 던져주고 있다. 과거에는 '정치와 경제'를 '경세'라고 표현했다. 오늘날도 '경제'는 시대적 문제를 해결하는 중심 주제, 삶의 질을 결정하는 핵심 과제로서 말하는 것이므로 정치와 병행하는 중요 용어로 볼 수 있고, 정치와 경제라 하면 과거의 '경세'와 거의 같다고 할 수 있다.

중세 선비에게 있어서 도덕이란 경세 주체로서의 인격이고, 오늘날 경제와 관련 있는 도덕은 곧 '경제인의 윤리'라고 할 수 있는데, 경제 행위의 사회적 영향을 고려하여 사회적 윤리를 지키는 것이 이에 해당될 것이다. 이것은 과거 선비의 인격과 참다운 정치적 실천과의 상관관계로 치환하여 말할 수 있다. 정치 및 경제인의 윤리와 선비의 윤리는 시대 상황과 행위 양상은 달라도 그 덕목에 있어서는 별반 다른 것이 없다. 여기에 조선조 선비 율곡 이이의 참다운 경세 철학과 경세론을 살펴보는 이유가 있다. 여기에서 한국 중세 철인 율곡의 고뇌와 열정을 동시에 느낄 수 있다.

율곡의 경세론經世論

율곡은 선비는 마땅히 경세를 통하여 자기 학문을 실천해야 한다는 철학을 가지고 있었다. 송대 사대부나 조선조 선비들이 대개 그러한 생각을 갖고 있었지만, 율곡의 경우는 더욱 철저하였다. 그는 ≪대학大學≫의 '수기修己(도덕)'와 '치인治人(경세)'의 관계에 대한 설명에서 "수신이 치국보다 앞서지만, 그것은 다만 순서가 마땅히 그렇다는 것이고, 만약 수신이 완전하길 기다린 뒤에야 정치를 한다면 덕이 완전하기 전에는 국가를 어디에다 둘 것인가?"라고 한 바 있다

(≪성학집요≫). 이는 그가 정치적 실천을 도덕과 동시에 추구해야 할 과업으로 생각하고 있는 증거이다.

율곡이 주장한 가장 중요한 정치철학은 '변통變通'이라는 것이다. 이는 '개혁'의 이념과 유사하지만, 때에 따라 법제를 바꾸어 나간다는 유연한 정책적 대안을 미리 제시한다는 의미에서 '융통성 있는 개혁'이라고 말할 수 있다. 다시 말하면 장기적 안목에서 점진적으로 개혁하는 일과 바로 개혁해야 할 일을 잘 구분하여 융통성 있게 개혁 드라이브를 추진한다는 데 특징이 있다.

율곡의 위패를 모신 자운서원

당시의 시대 상황을 율곡은 개혁해야 될 시기로 보아 법제를 고칠 것을 강력하게 주장하였다. 그는 말하기를 "한 성인聖人이 죽고 나면 반드시 또 한 성인이 연이어 나와 천하를 다스리는데, 때 맞춰 변통하여 백성들을 곤궁하지 않게 해야 한다."라고 하고(≪성학집요≫), 또 "법(제도)은 때에 따라 제정해야 되고, 때가 바뀌면 법도 같지 않다."라고 한 바 있다(〈만언봉사萬言封事〉). 또 그는 "정치는 때를 귀하게 여기고, 일은 실질에 힘써야 된다."라고도 하였다(〈만언봉사〉).

그렇다면 어떻게 실질에 힘쓰는가? 그는 '득중합의得中合宜'라는 상황론을 개진하였다(〈시폐칠조책時弊七條策〉). 그러나 이것은 상황을 단순히 고려한다는 것이 아니라 상황을 고려하되 시비와 이해를 함께 고려하여 합리적으로 처리해야 한다는 소위 유가의 '시중時中의 도'를 강조하고 있다. 또한 이러한 '시중의 도'는 나라를 편안하게 하고 백성을 이롭게 하는 데 그 목적을 둘 때 비로소 살려질 수 있다고 하여 '공익公益'을 앞세운다. 공公－사私의 가치 대립에서 공을 내세울 수 있는 것은 바로 도덕에 다름 아니다.

그는 당시 시급히 시정해야 될 폐단에 대해 지적하였는데, 요점은 다음 5가지였다. 즉 (1)일족절린一族切隣의 폐 (2)진상번중進上煩重의 폐 (3)공물방납貢物防納의 폐 (4)역사불균役事不均의 폐 (5)이서주구吏胥誅求의 폐가 그것이다(《동호문답東湖問答》). 그리고 나라를 부강하게 하기 위하여 구체적인 정책을 체계적으로 제시하였는데, 다음 6가지이다. (1)어진이의 등용 (2)군대 양성 (3)국가 재정의 확보 (4)변경 수비의 강화 (5)전투용 말의 준비 (6)백성의 교육과 계몽이었다(《계미육조계癸未六條啓》).

뿐만 아니라 그는 공공기관의 노비의 고통 해소, 서자의 벼슬길 허용, 노비의 해방, 언로의 개방 등 당시로서는 획기적인 정책을 건의하였다(《진시사소陳時事疏》). 특히 위에서 보듯이 그가 '무비武備'를 강조한 것은 주목할 만하다.

그러나 당시 보수주의자들의 반대에 부딛혀 제대로 개혁을 하지 못했다. 그러나 그는 실망하지 않고 임금께 아뢰기를 "신의 정책을 3년 동안 시행해 보시고 효과가 없으면 신의 목을 베신다 해도 달게 받겠습니다."라고 하였다(《진시사소陳時事疏》). 여기에 그의 고뇌와 열정이 있었다.

율곡의 철학사상과 경세철학의 상관성

그가 도덕과 경세의 병행을 주장한 데에는 그 바탕에 그의 철학사상이 깔려 있다. 그는 주자학을 받아들여 전개하면서 특히 주자의 리기론이라는 '형이상학' 논리에 철저하였다. '리와 기' 두 범주의 밀접한 관계에 대해 깊이 그 의미를 통찰하고, 그것으로 세계 인식의 폭을 넓혀갔는데, 그 중의 하나가 도덕과 경세의 상관성에 대한 통찰이다. 즉 선비는 자기 수양(수기)과 정치적 실천을 통한 백성의 다스림(치인)을 반드시 병행하지 않으면 안 되고, 그러한 실천을 결한 학문은 참다운 학문이 아니라고 생각했다.

오늘날로 말하면 '지식인의 사회적 역할'을 말하는 것이고, 또한 경제인의 윤리를 말하는 것이라 할 수 있다. 그동안 조선조 주자학 연구에 있어서 퇴계 이황의 사상을 많이 연구해오고 율곡의 진면목에 대해서는 잘 알지 못한 느낌이다. 퇴계의 도덕사상에 장점도 있지만, 율곡의 경세사상은 도덕과 경제의 상관성 방면에서 특히 주목할 만하다.

〔부록〕

1. 율곡 경세철학으로서의 '득중합의론得中合宜論'

율곡의 상황론적 정치론은 시무책時務策, 즉 사회정책론에 있어서는 이념과 현실, 의리와 이익이 동시 추구되어 보국保國과 안민安民의 실효를 거두어야 된다는 특색 있는 사회정책론을 낳았다. 그는 다음과 같이 말하였다.

> 때 맞춰 중中을 얻는 것이 권도權道이고, 일을 처리하는 데 의宜에 합하는 것이 의義이다. 권도로써 변화에 응하고, 의로써 일을 마름하면〔制事〕 국가를 다스리는 데 무슨 어려움이 있겠는가?
>
> 도道에 있어 병립할 수 없는 것은 시是와 비非이며, 일〔事〕에 있어 함께 할 수 없는 것은 이利와 해害이다. 한갓 이해가 급하다 하여 시비의 소재를 고려하지 않는다면 일을 마름하는 의義에 어긋나며, 또한 시비를 생각하여 이해의 소재를 살피지 않는다면 변화에 응하는 권도에 어긋난다.
>
> 그러나 도道에는 정해진 규칙이 없으니 중中을 얻음〔得中〕이 귀貴하고, 의義에는 일정한 방법이 없으니 의宜에 합함〔合宜〕이 귀하다. 중中을 얻고 의宜에 합合한즉, 시是와 이利가 그 가운데 있는 것이다. 진실로 나라를 편안하게 하고 백성에게 이로우면 다 행할 수 있는 일이요, 나라를 편안하게 하

지 못하고 백성을 보호하지 못하는 것이라면 다 해서는 안 되는 일이다.

≪율곡전서≫ 〈습유拾遺〉, 권5, 〈시폐칠조책時弊七條策〉

여기서 율곡이 권도權道를 말한 것은 그의 변통론과 조응되는 동일한 발상이다. 때 맞춰 '중'을 얻는다는 것은 '시중지도時中之道'로서 원칙을 고수하되 고집하지는 말고 그것을 상황에 맞게 적절히 실현한다는 의미이다. 중은 상황에 맞는 도이나, 그 속에는 이미 일의 옳음〔是〕과 일의 합리성(적의성 : 의宜)이 들어있어야 한다. 그것이 매우 보편성을 가질 때 그것은 또한 '의'라고 할 수 있다. 그러므로 권도나 시중에 있어서 중요한 것은 바로 이 '의義'이다.

2. 율곡이 예안으로 퇴계 선생을 예방하여 나눈 시詩

먼저 시를 한 수 지어 올렸다. "선생님의 물(퇴계)은 수사(공자)에서 갈라져 나왔고, 봉우리는 주자의 무이산처럼 빼어났네. 생활의 수단은 경전 천권이요 생애는 작은 집 몇 칸이 전부네. 마음은 맑아 밝은 달과 같고, 하시는 말씀은 미친 마음 멈추게 하네. 저는 도를 들으려 하는 것이지 반나절이라도 시간 뺏으려는 것 아닙니다."

퇴계는 화답하기를, "병든 이 몸 방에 갇혀 봄을 보지 못하였더니, 그대 와서 내 마음 환하게 열어주네. 유명하다는 이름 아래에 헛된 선비 없다는 것 처음 알았고 지난 해 수양 게을리 한 것 부끄럽네. 좋은 곡식은 돌피(잡초)가 자라는 것 용납하지 않고 떠도는 먼지에 거울은 자꾸 닦아야 하네. 지나친 정분을 나누는 시 그만 짓고 수양에 힘을 쏟아 각자 공부하세."라고 하였다.

≪율곡전서≫ 권33, 〈율곡연보〉 23세 조

율곡의 봉정시

시냇물은 수사에서 나뉘었고,
봉우리는 무이산처럼 빼어났네.
살아가는 살림은 천권의 경전이요,
평생 사는 곳은 몇 칸의 집이네.
가슴은 비온 뒤의 밝은 달과 같고,

웃으시며 하는 담소는 광란을 그치게 하네.
저는 도를 듣고자 온 것이요,
반나절 한가한 시간을 뺏으려는 것은 아닙니다.

溪分洙泗派, 峯秀武夷山.
活計經千卷, 生涯屋數間.
襟懷開霽月, 談笑止狂瀾.
小子求聞道, 非偸半日閒.

퇴계의 답시

병든 나는 문 닫고 누워 봄이 온 줄 몰랐는데,
그대가 와서 이야기하니 마음이 상쾌하네.
이름 난 선비 과연 헛소문이 아님을 알았고,
오히려 몸가짐 제대로 못한 내가 부끄럽네.
좋은 곡식 자라는데 돌피가 익어서는 안 되고,
새로 닦은 거울에 티끌이 날려서도 안 되지.
정에 겨워 나눈 시어는 마땅히 지워버리고,
노력하고 공부하여 더욱 친해지면 좋겠소.

病我牢關不見春, 公來披豁醒心神.
始知名下無虛士, 堪愧年前闕敬身.
嘉穀莫容稊熟美, 遊塵不許鏡磨新.
過情詩語須刪去, 努力功夫各自親.

3. 금강산에서 있었던 일

금강산에 있을 때 조그만 암자에서 늙은 중이 도를 닦고 있었다. 부엌에는 불 땐 지 오래되어 보였다. "무얼 먹으오?" 하니 소나무를 가리켜며 저것이 양식이라고 했다. "공자와 석가 중 누가 더 성인이라고 생각하오?"라고 하니 중은 "선비는 나를 속이지 마시오." 했다. 또 "유가에도 마음이 곧 부처라는 말이 있소?" 하길래 나는 "맹자가 성선을 말할 때에 요·순임금을 말했는데, 그와 같은 내용이요." 한참 뒤 중이 "색色도 아니고 공空도 아니란 말이 무슨 뜻이오?" 하길래 나는 "우리가 보는 이 대상물이 그것이오."라고 하니 중은 빙긋이 웃었다.

내가 다시 "솔개는 하늘에 날고 물고기는 못에서 뛰어노는 것이 색이요 공이요?" 하니, 중은 "색도 아니고 공도 아닌 것이 진여眞如의 본체이니, 이 따위 시로써 어찌 비유가 되겠소!"라고 하였다. 나는 웃으며 말하기를 "벌써 말이 있으면 경계가 있게 되는데 어떻게 본체라 할 수 있겠소? 만약 그렇다면 유가의 묘한 곳도 말로 다할 수 없고 부처의 도도 문자 밖에 있다고 할 수 없겠소."라고 하니, 중은 깜짝 놀라 나의 손을 잡고 "그대는 속된 선비가 아니구려. 나를 위해 솔개가 날고 물고기가 뛰는 뜻을 설명해 주시오."라고 했다.

나는 곧 절구絶句 한 수를 지어 주었는데, 중이 한번 보고는 소매 속에 넣고 돌아앉았다. 며칠 뒤 다시 가 보니 중은 어디론지 가고 없었다.

내가 지은 시는 이러하다.

> "물고기 뛰고 솔개 나는 것 위아래 한 가진데, 이는 색도 아니고 또한 공도 아니라. 마음을 텅 비워 웃으면서 내 신세를 바라보니, 해는 지는데 숲 속에 나 홀로 서 있네."
>
> ≪율곡전서≫ 권1, 〈풍악증소암노승楓嶽贈小菴老僧〉

이러한 율곡과 선승과의 대화를 보면 약간 신비스러운 느낌을 갖게 된다.

전통문화연구회 도서목록

◆ 基礎漢文教材 ◆

서명	저자
사자소학	성백효
추구·계몽편	〃
명심보감	〃
동몽선습·격몽요결	〃
주해천자문	〃

◆ 東洋古典國譯叢書 ◆

서명	저자
논어집주	성백효
맹자집주	〃
대학·중용집주	〃
시경집전上·下	〃
서경집전上·下	〃
주역전의上·下	〃
소학집주	〃
고문진보 후집	〃
해동소학	〃
효경대의	정태현
황제내경소문·영추	홍원식

◆ 漢字漢文教育叢書 ◆

서명	저자
한자교육新講	이응백 외
韓中한문연원	이응백
교양인을 위한 한자·한문	김기창
한자교육시험백과	김종혁
실용교양한문	이상진
한문과 교육과정 변천과 내용 체계 연구	원용석
한문과 교수-학습 모형	김재영
한자 자원 교육론	한은수
한자한문교육논총上·下	정우상

◆ 教授用 指導書 ◆

서명	저자
사자소학	함현찬
추구·계몽편	〃
격몽요결	〃
주해천자문	이충구
명심보감	이명수
동몽선습	전호근

◆ 東洋古典譯註叢書 ◆

서명	저자
장자1~4	안병주·전호근·김형석
춘추좌씨전1~8	정태현
고문진보 전집	성백효
심경부주	〃
근사록집해1~3	〃
예기집설대전1	신승운
국어1~2	허호구 외
통감절요1~9	성백효
당시삼백수1~3	송재소 외
설원1	허호구
동래박의1~2	정태현·김병애
안씨가훈1	정재서·노경희
십삼경주소	
논어주소1	정태현·이성민
당송팔대가문초	
한유1	정태현
구양수1	이상하
왕안석1~2	신용호·허호구
소식1~5	성백효
소철1~3	김동주
소순	이장우 외
증공	송기채
유종원1~2	송기채
무경칠서직해	
손무자·오자	성백효·이난수
육도·삼략	성백효·이종덕

◆ 동양문화총서 ◆

서명	저자
한자부수해설	이충구
중국학술개론	임동석
동양사상	정규훈 외
훈민정음의 세계문자화	방석종

◆ 기 타 ◆

서명	저자
초등학교 漢字1~4단계	정우상 외
경전으로 본 세계종교	길희성 외
창세기 역주	방석종

◆ 문 화 문 고 ◆

논어·대학·중용, 맹자
한자문화 이야기, 한자한문 전통교재
소학, 목민심서, 고문진보 산문선
사소절, 유학이란 무엇인가